Phébus *libretto*

W0372317

LA VIE ET MOI

MARCEL LÉVY

LA VIE ET MOI

CHRONIQUES ET RÉFLEXIONS D'UN RATÉ

Phébus *libretto*

Illustration de couverture :
Droits réservés

© Éditions Phébus, Paris, 1992

N'étant jamais sûr d'avoir raison,
je suis essentiellement un homme
de compromis.

Gandhi

NOTE DE L'ÉDITEUR

Vers la fin des années soixante-dix, un jeune éditeur peu sûr de ses finances et déjà malentêté dans ses choix recevait par la poste un recueil anachronique, mais d'un ton inhabituellement piquant. Il s'agissait d'une sorte de « dialogue des morts » dans la manière de Lucien. On y écoutait, comme au coin du feu, les confidences croisées de Bonaparte, Clemenceau, Rothschild (le fondateur) et quelques autres, le tout plutôt fort de café. L'enveloppe avait été postée à Zurich par un certain Marcel Lévy. Le texte était mince et n'aurait pu garnir un livre. L'éditeur débutant le renvoya à l'auteur débutant (ce dernier avouait n'avoir rien publié) en s'excusant de son refus et en disant tout le plaisir qu'il avait pris à être provoqué de la sorte. S'ensuivit un échange de lettres où le candidat auteur se laissait aller à maintes saillies qui avaient le don de réjouir l'éditeur, correspondance ponctuée çà et là par l'envoi de nouveaux manuscrits, tous fortement relevés de citron et de vinaigre – mais un vinaigre où avaient longuement mariné les herbes de l'indulgence.

Le bizarre était qu'aucune des œuvres proposées par l'auteur postulant ne pouvait faire un livre. Certaines, non les moins intéressantes, adoptaient une forme résolument aléatoire : fatras plus ou moins ordonné de notes d'humour et d'humeur, où l'esprit, parfois du plus beau feu, fusait dans tous les sens. De part et d'autre, on en était venu au « mon cher ami », et l'on échangeait quelques aveux sur la difficulté qu'il y avait à se tenir debout sur cette planète. Au vu de quoi l'éditeur se hasarda un jour à faire un doux reproche à l'ami inconnu, de si bien s'appliquer à lui expédier des textes certes prometteurs, mais tous farouchement impropres à constituer un volume tant soit peu cohérent. A quoi il fut répondu par d'autres envois de même farine, jusqu'au jour où…

… Jusqu'à ce jour de 1991 où l'ami inconnu expédia, dans une enveloppe renforcée, un manuscrit sur lequel il venait de passer de longues veillées : rien de moins que l'histoire de sa vie, agrémentée de réflexions où le fameux vinaigre faisait merveille, et où les herbes familières dégageaient tout leur arôme. Le titre annonçait sans ambages : La Vie et moi. *Le tapuscrit, surchargé de rajouts et moulu par une machine d'un autre âge, n'était pas facile à lire. L'auteur expliquait qu'il l'avait mis en forme au cours des derniers mois, à partir de notes prises depuis une vingtaine d'années et repêchées dans divers tiroirs. C'était bien modestement dire.*

Cette fois, nul doute n'était permis, on avait affaire à un livre. L'auteur s'excusait simplement de ceci : le caractère autobiographique de l'ouvrage révélait qu'il s'agissait là d'un péché de vieillesse. « Je l'avais bien entendu ainsi, protesta téléphoniquement l'éditeur avec beaucoup de bonne éducation.

– Mais vous n'attendiez peut-être pas un jeune auteur de cet âge.

– Je n'ai pas fait le calcul.

– Moi si, et depuis longtemps : j'habite cette terre depuis quatre-vingt-treize ans, et les feuillets que vous avez entre les mains, comme vous avez pu voir, ont été écrits au crépuscule – je dirai même que la lumière m'a un peu manqué. »

Nous laisserons au lecteur le soin d'en juger, heureux de produire aux yeux du monde un texte qui si peu ressemble à l'habituelle production de l'époque, et où résonnent les échos de quelques grandes voix cousines : Diogène, Montaigne,

Chamfort, Lichtenberg, Sterne, Schopenhauer, Jules Renard, Léautaud... Ils n'ont jamais été nombreux à chanter dans ce registre, et on les devine jaloux de leur solitude. On veut croire tout de même qu'ils réserveront un strapontin confortable au jeune impétrant.

J.P.S.

MODE D'EMPLOI

On a déjà écrit quantité d'ouvrages sur l'art de réussir dans la vie. Bien des pauvres hères, végétant dans des soupentes, anxieux de gagner un bifteck précaire et coriace, ont usé leurs forces afin de montrer aux déshérités de ce monde la voie la plus sûre et la plus commode pour parvenir à l'or et aux grandeurs.

De telles œuvres méritent une place d'honneur dans la littérature d'imagination. Un homme capable de faire voir aux autres les avenues d'une prospérité dont il n'a jamais aperçu le moindre rayon serait mieux que personne en état d'écrire des textes de fiction – histoires policières ou romans d'amour. On se demande si la valeur pratique de ces ouvrages est aussi haute que leur portée littéraire. Pour atteindre le succès, il faut posséder un assortiment de qualités et de défauts qui n'est guère l'apanage des littérateurs de bas étage, si je puis appeler ainsi des hommes de lettres logés dans des mansardes. Et l'on peut concevoir des doutes sur l'esprit désintéressé de ces messieurs, plus soucieux de conduire leur prochain à la fortune que d'en goûter eux-mêmes les fruits, car un tel excès d'altruisme n'est pas dans la nature humaine.

Puisque les hommes conçoivent toujours ce vœu relativement légitime de réussir dans la vie, j'ai eu l'idée de leur montrer par des exemples choisis tirés de l'expérience les différentes routes qu'un homme normal (moi-même en l'occurrence) a pu suivre pour parvenir en toutes choses à un insuccès total – en un mot, la vie d'un raté. Les amateurs connaîtront de la sorte sinon la voie à suivre, du moins les chemins à éviter, ce qui est d'une importance majeure. Ils seront mis en garde contre la plupart des pièges de l'existence. S'ils ignorent peut-être encore quels sont les vices et les vertus qui contribuent le mieux à la réussite, ils sauront avec certitude quels sont les crimes les moins rémunérateurs et les bonnes actions les plus mal cotées en Bourse. Grâce à mes indications, il leur sera facile de ne pas trébucher sur les obstacles qui ont causé mes chutes, de brûler allègrement les étapes où j'ai trouvé une pierre d'achoppement, de surmonter les haies qui m'ont tenu en haleine.

Une raison psychologique milite encore en faveur de ma méthode. Les hommes ont en général une bonne opinion d'eux-mêmes, et il leur est pénible de devoir constater chez leurs congénères une supériorité quelconque. Si je leur explique comment Monsieur Untel a gagné une fortune, je ne leur fais au fond nullement plaisir ; ils risquent même de prendre en grippe cet individu qui les a dépassés dans la lutte pour la vie, et, cette aversion aidant, il leur sera d'autant plus difficile d'assimiler les systèmes qui ont porté Monsieur Untel au succès. Inversement, si je leur montre comment j'ai marché à la banqueroute en utilisant telles et telles voies, je leur procure de jolies satisfactions d'amour-propre, je leur cause même une véritable joie. Selon les conseils du prince des orateurs, je puis ainsi capter leur bénévolence et glisser subrepticement l'huile de ricin de l'instruction à la faveur de la popularité que j'ai acquise auprès d'eux grâce à ma déveine permanente.

Citons-nous en exemple : Je me suis mis très tard au ski, et quand j'y fis mes premières armes, j'avais passé l'âge où l'on apprend facilement, où les ressorts du corps et de l'âme sont encore intacts, où une chute dans la neige provoque un accès de fou rire et non pas une blessure d'amour-propre. Mes efforts initiaux furent si gauches, si ridiculement inadéquats, que j'eus sérieusement l'idée d'offrir mes services à l'école de ski, en qualité de modèle des gestes à éviter. Je n'ai pas poussé la chose plus loin, et pourtant... Une caricature est plus vite comprise qu'un dessin, et l'on aurait surtout ménagé les sentiments des élèves. Ils se trouvent humiliés de voir le professeur exécuter aisément, de façon impeccable, ces mouvements qu'ils ont tant de peine à imiter, et ne pourraient au contraire qu'être agréablement surpris – et encouragés – de se voir, dès leurs débuts, plus habiles que le voisin.

Je serais donc très heureux si le pitoyable récit de mes infortunes pouvait servir à égayer un public si peu amusable que même la politique n'arrive pas toujours à le faire rire. Je me réjouirais si la narration de mes insuccès réitérés pouvait exciter une hilarité douce et de bon aloi parmi les honnêtes gens. Mais je serais particulièrement fier si mon ouvrage avait aussi une influence pratique et pouvait instruire en amusant, selon la formule consacrée. S'il favorisait l'éclosion de quelques chevaliers d'industrie et de la Légion d'honneur, s'il contribuait à l'accroissement de la quantité et de la qualité des millionnaires, j'aurais l'agréable conscience de n'avoir pas travaillé en pure perte.

Pour finir de commencer, encore un avertissement, afin d'éviter au lecteur une trop forte désillusion et pour qu'il ne puisse pas me reprocher de l'avoir pris en traître. Mon ambition avouée, quoique extravagante, étant d'être utile à ceux qui me feront l'honneur de me lire, je ne pourrai pas toujours me borner à raconter mes petites histoires. Je devrai, bon gré mal gré, ajouter de temps à autre quelque réflexion, tirer parfois une conclusion ou même, que Dieu me pardonne, une morale. Évidemment, l'idéal serait de faire en sorte que la morale suintât tout naturellement du récit, comme la résine du sapin, de la rendre si claire et manifeste que le lecteur le plus obtus ne pourrait s'empêcher de la tirer lui-même. Mais ce n'est pas toujours possible et même La Fontaine, ce narrateur si aisé et si naturel, ne se retient pas toujours de moraliser. Ce qui était excusable chez ce grand homme le sera, je l'espère, à plus forte raison chez moi, et je compte sur la franchise de cette confession pour me valoir un peu de bienveillance, ou tout au moins d'indulgence.

Ma vie a été trop obscure et trop vide pour que le récit que j'en vais faire puisse être autre chose que la patère où je suspendrai, au hasard des rencontres, les réflexions et les avertissements. Je suis bien loin de vouloir me donner en exemple, je n'ai aucune tendance à me faire admirer, comme Cellini, ou envier, comme Casanova. Il ne me déplairait pas, au contraire, de faire rire à mes dépens. Comme c'est le ton qui fait la musique, je m'efforcerai de racheter, dans la mesure du possible, la pauvreté des événements et l'inanité des conclusions en évitant de me prendre trop au sérieux. Il eût certes été possible aussi de fournir idées et réflexions à l'état brut, dans leur raideur originelle, sans les enrober dans des récits et des anecdotes à l'instar du confiseur fabriquant ses crottes au chocolat. Mais l'ouvrage serait devenu sec et didactique, dénué d'attrait – et peut-être d'intérêt. Il est à la fois plus honnête et plus utile, à mon avis, de montrer la pensée comme elle naît de la vie même, son éclosion, sa croissance et son cheminement obscur. Il est ainsi plus facile de la comprendre et de la juger. En donnant parallèlement, dans un désordre plus apparent que réel, ma vie et les enseignements que j'en ai tirés, je m'exposerai sans doute, par présomption autant que par naïveté, à la négation et à la critique. Mais n'est-ce pas le prix à payer dès lors qu'on entend faire œuvre de bonne foi ?

Voici donc le mode d'emploi que je vous propose, ami lecteur, en toute simplicité. Si vous trouvez dans mes conclusions ou dans mes menus propos quelque chose qui vous irrite, ne vous énervez pas, ne vous indignez pas, pensez tout bonnement que j'ai dit cela pour rire, et haussez les épaules à cette bouffonnerie. Mais inversement, si l'une de mes paroles vous agrée, même exprimée sur un ton badin, soyez bien certain que je ne voulais pas uniquement plaisanter et qu'une pincée de sérieux était insidieusement glissée parmi mes balivernes. De cette façon, j'ai bon espoir que nous parviendrons parfois à nous entendre, tout en restant souvent en désaccord. Le livre serait superflu s'il ne servait qu'à exprimer votre propre opinion.

COMMENCEMENTS

Je suis né à Paris, de parents juifs mais honnêtes. Cette phrase a scandalisé des coreligionnaires plus pieux que moi, qui sont légion. Je la laisse quand même.

Je suis né. Je n'insisterai pas sur ce fait, peu caractéristique en lui-même. Mais ce petit malheur devait être le premier maillon d'une chaîne de calamités du même ordre : imposées par les circonstances, jamais librement acceptées. L'homme vient au monde de façon peu digne, indépendante non seulement de sa propre volonté mais souvent même de celle des auteurs responsables. Ainsi la naissance est-elle une leçon de choses, la première mais non la moins magistrale. La nature nous dit, comme elle nous le répétera plus tard jusqu'à la nausée : « Tu es le plus faible, tu dois te laisser faire. » Naître n'est que la première étape d'une longue série noire. On commence en se laissant enfanter ; puis on se fait nourrir, instruire, éduquer, et l'on devient ainsi, petit à petit, la proie des hommes, des femmes et des événements. Et l'habitude est si bien prise qu'il devient bientôt impossible de remonter le courant.

On vous a sans doute raconté, quand vous étiez petit, l'apologue d'Hercule à la croisée des chemins. Vous avez appris, avec un étonnement mêlé d'admiration, comment le demi-dieu, contraint de se décider entre les deux voies s'ouvrant devant lui, avait choisi de son plein gré le chemin ardu et difficile menant à la vertu, de préférence à la route large et aisée conduisant à la volupté.

J'ai entendu la même histoire dans mon jeune âge, et j'ai été pris tout comme les autres. Avec le temps, je suis devenu sceptique. Je me demande maintenant si la leçon vaut pour chacun, si le choix entre les deux chemins n'est pas affaire d'individualité, de point de vue. En effet, si j'en crois mon expérience personnelle, la voie de la volupté n'est nullement facile. Les efforts nécessaires pour y atteindre sont presque surhumains, et les résultats parfois décevants. Quant à la route de la vertu, elle m'a presque toujours paru large, spacieuse et commode. Les encombrements et les embouteillages y sont inconnus, et même aux heures d'affluence, on y trouve encore beaucoup de place.

Mais la portée de l'apologue, à mes yeux au moins, ne se limite pas à cet aspect des choses. J'envie Hercule pour sa force, son courage, et tous ses attributs inaccessibles à nous autres chétifs, mais je l'envie surtout d'avoir eu la bonne fortune de se trouver placé à la croisée des chemins. Nous n'avons jamais eu le choix. Comme on nous a embarqués dans la vie sans nous consulter, ainsi notre voie a-t-elle été tracée d'avance, point par point, et nous sommes depuis notre naissance en service commandé. On ne m'a jamais demandé si je voulais devenir avocat, mécanicien ou apothicaire ; la carrière de commerçant ou, disons-le plus modestement, le métier d'employé de commerce m'a été imposé par la destinée avec la même violence, la même autorité, que mon sexe, ma taille, la couleur de mes yeux ou celle de mes cheveux, du temps que j'en avais encore. J'envie Hercule. J'envie tous ceux à qui il a été concédé de choisir eux-mêmes – ou d'avoir le sentiment de choisir – leur voie, bonne ou mauvaise, heureuse ou raboteuse, honorable ou infâme. Au moins ont-ils eu la satisfaction, ou l'agréable illusion, de tenir un instant leur destin entre les mains.

Mes premiers souvenirs sont vagues, confus et sans le moindre intérêt. Je revois, comme au travers d'un nuage, la fontaine des Innocents et un magasin de confiserie qui se trouvait dans les parages, mais l'histoire pour moi s'arrête là, j'en ignore la suite. Je suis venu au monde rue de Turbigo, après quoi nous avons habité la rue des Pyrénées, mais je n'ai gardé aucune image de ces logements. Plus tard, nous avons vécu rue de l'Atlas, où nous avions aussi la fabrique, et la configuration des lieux me revient assez précisément à l'esprit. Je me souviens d'un incendie, la nuit, à la faveur duquel on nous avait transportés, nous autres enfants, chez des amis habitant quelques maisons plus loin. Par la suite, la fabrique fut transférée rue Bisson, tandis que nous prenions un appartement rue Étienne Dolet. Tous ces déménagements, on l'aura compris, étaient le signe évident d'une sorte de décadence. Les affaires n'allaient pas fort. Les ornements pour mode en acier biseauté, qui avaient été très en vogue au tournant du siècle, étaient de moins en moins demandés. La mort de la reine Victoria, pour une raison que j'ignore, semblait leur avoir porté un coup fatal. Mon père passait pour un industriel audacieux et avisé mais il mourut à trente-neuf ans, alors que j'étais encore un bébé, regretté de sa famille et des nombreux amis qu'il s'était faits dans le monde des affaires. On racontait comment l'un de ses clients avait télégraphié d'Amérique pour proposer un remède contre la fièvre typhoïde qui l'emporta. Il laissait aux siens une entreprise d'importance honorable mais dans une situation difficile. Il avait essayé sans grand succès de trouver un nouvel emploi pour les grandes machines à découper et à estamper où il avait investi le plus clair de sa fortune. Mon oncle Max, qui prit sa succession, ne sut pas faire mieux. Les affaires continuaient de péricliter, mais je ne m'en rendais pas bien compte, même si nous passions petit à petit de l'aisance à un état voisin de la pauvreté.

Ma mère, se trouvant superflue dans la fabrique portant son nom mais dirigée par mon oncle, avait fondé un commerce de fleurs et plumes, en s'associant avec une dame qui connaissait bien la branche. Celle-ci s'occupait de la fabrication, tandis que ma mère visitait assidûment la clientèle. Elle faisait surtout le siège des maisons de commission où les clients étrangers, anglais, allemands et américains pour l'essentiel, venaient s'approvisionner en articles de Paris. Elle était, semble-t-il, une excellente vendeuse, et je l'entends encore nous raconter, bien des années après, comment un gros acheteur américain, enchanté par son bagout et sa bonne mine, lui avait proposé de l'engager si jamais elle venait à chercher une situation. En attendant, elle « faisait la place », comme on disait alors, tandis que Madame Fleury, installée dans nos ateliers, veillait à la confection des colifichets. Cette dernière était une personne encore jeune, mariée à un monsieur d'âge respectable et de tempérament valétudinaire, vaguement journaliste ou homme de lettres. Elle devait être depuis longtemps dans la maison, car on citait encore le mot de mon père : « Madame Fleury, Monsieur se fane… » Je revois aussi, mais comme au fond d'un miroir au tain abîmé, deux employées à la manutention, Ernestine et la petite Marie, et quelques ouvriers parmi lesquels Louise et Gustave, qui avaient connu et aimé notre père et reportaient leur affection sur les enfants. Le personnel, à l'époque où je pris conscience de ces choses, ne devait pas excéder la vingtaine. Mais je possède encore une grande photographie, prise sans doute à l'époque où les affaires florissaient ; l'on y voit mon père et ma mère entourés d'une centaine de personnes, employés et ouvriers avec leurs familles, car on aperçoit aussi quelques gosses – mais les enfants des patrons n'y figurent pas, sans doute parce qu'ils n'étaient pas encore au monde. Grandeur et décadence.

Me revient aussi en mémoire la figure de deux comptables. Le premier était un Allemand, M. Henkel, quelque peu ami de la famille, qui nous invitait à admirer son arbre, à Noël, et à recevoir ses cadeaux. Une fois, quelle horreur ! il avait fait venir pour moi un casque à pointe qui, par bonheur, se révéla trop petit pour ma tête. Son successeur, M. T…, un Français, était un grand ami du beau sexe, et cette passion coûteuse l'obligea à pratiquer quelques trous dans la caisse. M. Fleury parlait de lui comme du comptable sachant si bien faire les soustractions : que la terre lui soit légère, comme il le fut lui-même !

Ma mère étant toute la journée absente et prise par son commerce, le soin de la famille était confié à des bonnes, en général de robustes villageoises peu soucieuses et encore moins capables de nous apprendre les belles manières. Une de ces plantureuses filles de la campagne, nullement contaminée par la culture urbaine, se refusait à prendre le moindre bain ; comme ma mère insistait pour tenter de la fléchir, « Je ne me suis jamais droguée ! » fut sa réponse définitive.

Beaucoup plus tard – nous habitions rue Étienne Dolet –, nous eûmes une gouvernante anglaise, Mrs Simpson, dame fort pieuse qui avait réussi à conserver, à un âge assez avancé, sa beauté de keepsake. Bien que vivant à Paris depuis vingt ans et plus, le français demeurait pour elle une langue inconnue, ce qui nous obligeait à pratiquer l'anglais en sa compagnie. Sa bonté, son attachement, sa sollicitude ont fait grande impression sur le petit bonhomme que j'étais alors, et je lui dois ma reconnaissance attendrie. C'est elle qui m'apprit un jour, avec un accent pénétré, que ma mère était une « lady », appréciation que je ne devais jamais oublier. Femme de tête et de cœur, ma mère mérite en effet toute ma vénération. Restée veuve à vingt-sept ans avec trois bambins à sa charge, elle n'a pas flanché un seul instant dans l'exécution de son devoir. Jetée dans une vie de labeur et de parcimonie après une jeunesse insoucieuse et quelques brèves années de félicité matrimoniale, elle se mit au travail sans rechigner, sans jamais perdre courage, et je ne l'ai jamais entendue regretter le passé.

A l'époque de son voyage de noces, devait-elle nous raconter plus tard, on entendait vociférer dans les trains la chanson de Bruant :

Voir les drames et les vaudevilles,
A Belleville…
Et voilà comment tout le temps
On a le cœur bath et content,
A Ménilmontant,
A Ménilmontant…

Les hauteurs de Belleville-Ménilmontant célébrées par le chanteur montmartrois étaient bien entendu pour elle une terre inconnue. Elle ne se doutait pas que ces quartiers populaires deviendraient un jour, pour elle et ses enfants, un domicile et presque une patrie. Je me souviens encore très bien des théâtres à quatre sous de Belleville, qui en ces premières années du siècle n'étaient pas encore submergés par la marée montante du cinéma. J'étais trop petit pour assister aux spectacles qui s'y donnaient, mais les affiches que je revois encore clamaient bien haut que le mélodrame à grand spectacle (façon Roger-la-Honte) gardait toute la faveur du public.

Retrouvant il y a peu les rues de ma ville natale après un intervalle de plus d'un demi-siècle, j'ai goûté un plaisir assez mélancolique. Les quartiers où s'était écoulée ma jeunesse n'avaient pas trop changé. Belleville et Ménilmontant ont gardé ici et là leur allure ancienne. Dans les coins les mieux épargnés, les murs sont simplement un peu plus vieux, un peu plus sales – mais peut-être ne remarquais-je pas la crasse des lieux quand j'étais jeune. La maison de la rue Étienne Dolet m'a paru beaucoup plus petite, plus étroite que dans mon souvenir. Notre fabrique de la rue de l'Atlas a disparu, remplacée par un terrain vague. Les herbes folles croissent où fonctionnaient jadis les grandes machines à estamper, où les ouvrières rivaient les pointes d'acier à facettes, fixaient les ardillons aux boucles. Existe-t-il encore, l'ouvrier parisien dont parlait la chanson : « Le samedi soir, après le turbin… » ? On ne rencontre plus guère d'exemplaires de cette race. Des noirs en peine de leur savane, des Algériens, d'autres figures basanées issues de contrées plus improbables encore confèrent aux quartiers périphériques de la capitale un air vaguement oriental. Le couscous garni a détrôné le « bouillon et bœuf » de mes jeunes années. On ne les entend plus, les chanteurs de rues qui débitaient devant un public attentif leurs couplets sentimentaux, *Le Soir aux Batignolles*..., *Sous les ponts de Paris*..., tandis que midinettes et ménagères en chignon tendaient leurs deux sous pour obtenir la feuille du texte, imprimée à l'encre bleue. Envolés eux aussi les athlètes avantageux et les avaleurs de sabre qui déployaient leur tapis élimé sur le trottoir des avenues, devant un cercle respectueux de gosses et d'ouvriers désœuvrés.

Où sont-elles allées, les vieilles pharmacies de mon enfance, avec leurs bocaux verts, jaunes et rouges en devanture ? Pareilles aux neiges d'antan, elles ont été rejoindre les fiacres qui, avant 1914, disputaient encore pied à pied le terrain aux bruyantes automobiles. C'est l'auto, me semble-t-il, qui a opéré une césure radicale entre le Paris du début du siècle et celui d'aujourd'hui, imposant aux véhicules mais aussi bien aux promeneurs des règles de circulation salutaires, certes, mais fort peu naturelles. Flâner, se balader, bayer aux corneilles sont devenus des passe-temps risqués. Et pourtant, descendant le faubourg Saint-Denis où le tohu-bohu piéton reprenait tranquillement ses droits, j'ai cru revoir un instant la foule de ma jeunesse, se déplaçant au long de la rue avec la lenteur d'un liquide épais et visqueux, devant les boutiques regorgeant de chalands. Oui, c'était bien cela ! et je me sentais soudain tout heureux de me retrouver en présence de ce grand corps rêveur, qui au fond n'avait pas changé.

Aux Buttes-Chaumont, entre le Belvédère et le lac, la sollicitude des édiles a ménagé un chemin en pente raide, dont le ciment imite assez bien, pour des enfants ignorant la montagne, un sentier taillé dans le roc. C'était un des coins favoris de mes jeux d'enfant, et j'y suis revenu pour rafraîchir mes vieux souvenirs. A plusieurs reprises, le chemin passe sous de petits tunnels, et ces endroits ténébreux sont particulièrement propices, si je puis m'exprimer ainsi, à ceux qui ont de petits besoins à satisfaire. J'y ai retrouvé, après cinquante ans, l'odeur prenante et méphitique dont mon nez se souvenait encore parfaitement. Je me suis dit dans mon cœur : tout ami qu'il soit des émeutes, des révolutions et des chambardements, le Parisien a sans doute gardé un grand fond d'esprit conservateur, puisque les générations modernes restent fidèles à ces anciens usages. Tout n'est pas encore perdu.

Chaque quartier de Paris était autrefois comme une ville de province en miniature. Au rond-point de Ménilmontant, centre de notre village, l'on trouvait tout ce dont on avait besoin. Un petit grand magasin à l'enseigne des *Quatre Arrondissements* prétendait à une honnête universalité, non loin d'un salon de coiffure arborant la devise altière : « Quinze artistes, on n'attend pas ! ». Une salle de spectacle, *L'Épatant*, offrait même, grâce à un projecteur qui tenait de la lanterne sourde, les délices du cinéma muet – lequel ne l'était d'ailleurs pas tout à fait : le bruiteur de service ne laissait jamais passer un cavalier au galop sans nous faire entendre les sabots du mustang heurtant le sol antique, et la grande rumeur de la mer était agréablement rendue par une brosse dure frottée contre une grille. En haut de la rue Oberkampf était installée une petite piscine assez minable, que nous utilisions parfois quand le temps nous manquait pour aller nager avenue Ledru-Rollin. Je revois le client venu avec un de ses collègues. Il lui disait : « Voilà le bassin ! » en lui montrant cette curiosité, et lançait un grand crachat dans l'eau pour rendre l'explication plus claire et le liquide plus abondant.

Même à l'époque, les moyens de communication ne manquaient pas, outre nos petites jambes dont nous faisions un usage assidu. Les jeunes métros surgissaient de terre à grand fracas, et leurs portails modern style sont encore parfois visibles. Mais on utilisait de préférence les omnibus et les tramways, dont on était plus sûr. Les lignes, desservies encore par des attelages piaffants, avaient été baptisées selon une terminologie fleurant un petit relent religieux d'un autre âge :

« Madeleine-Bastille », qui desservait les Grands Boulevards, « Cours de Vincennes-Saint-Augustin », « Filles du Calvaire-Les Ternes »... Mais nous ne visitions guère ces terres inconnues, préférant rester chez nous, en territoire familier, et la place de la République était notre Ultima Thulé.

J'ai revu aussi les quartiers du centre, où les changements sont moins rares. Un petit gratte-ciel nouveau venu dresse de loin en loin sa tête orgueilleuse, sans avoir l'air de se sentir déplacé dans le sage alignement des vieilles pierres grises. Notre-Dame et d'autres monuments ont été ravalés, et leur blancheur cadavérique fait presque regretter la noire patine de jadis, composée pourtant de poussier et de suie.

C'est curieux, ces souvenirs épars de mon enfance me semblent à présent si lointains, si vagues, si finement estompés dans une brume lumineuse et transfigurante ! Ils me rappellent la nostalgie de Dante, exilé de sa terre natale et se faisant décrire sous les plus riantes couleurs, par son aïeul Cacciaguida, la Florence sobre et pudique du temps jadis. La distance opère ce miracle, celle du temps et celle de l'espace, comme elle fait apparaître radieuse et immaculée, vue de loin, la montagne que nous trouvons rude, hostile, pleine d'aspérités, quand nous sommes aux prises avec elle.

Nous étions déjà bien appauvris par la mauvaise marche des affaires quand la guerre de 1914 nous ruina pour de bon. Suspectés d'être allemands dans une France où les valeurs patriotiques effaçaient soudain tout le reste, nous fûmes contraints d'abandonner Paris et les modestes biens qui nous restaient au soleil. Encore devions-nous, déshérités comme nous l'étions, nous tenir pour heureux d'avoir trouvé en exil un refuge sur la terre helvétique, si accueillante aux voyageurs riches et oisifs. Ma mère, dont l'allemand était la langue maternelle, se trouva assez vite dans son élément à Zurich, tandis que nous autres enfants, fidèles au français, vivions notre singularité comme une exclusion – moi surtout. Notre mère avait toujours manifesté un caractère sociable ; elle ne tarda pas à se créer un cercle d'amis et de connaissances. Je n'ai hélas pas hérité d'elle la faconde, l'entregent, l'art de se faire des relations, mon frère aîné s'étant approprié toutes ces vertus. Je suis resté presque un ours, du moins un homme incapable de faire de lui-même les avances qui s'imposent.

Au début de notre vie nouvelle, ma sœur allait encore à l'école. Mon frère et moi, à dix-sept et quinze ans, gagnions à peine de quoi aider ma mère à joindre les deux bouts. Ces années de guerre furent les plus dures, malgré l'aide bénévole de membres plus fortunés de notre famille dispersés aux quatre vents. Le rationnement était strict et il nous arriva souvent d'aller chercher notre soupe à la cantine populaire, tout heureux lorsque nous trouvions dans ce liquide indéfinissable des pâtes, des haricots ou d'autres éléments réputés substantiels. La paix revenue, notre situation s'améliora avec le temps, ma mère s'efforçant d'équilibrer son budget en prenant des pensionnaires, soucieuse toujours de faire un peu plus que son devoir. Dès qu'il fut capable de voler de ses propres ailes, notre frère abandonna la maisonnée et nous ne le revîmes que de loin en loin ; tandis que ma jeune sœur et moi, soudés l'un à l'autre par un tempérament plus timide, restions auprès de notre mère pour former bientôt avec elle un trio quasi inséparable.

Sainte-Beuve, ce grand lettré, ce médiocre poète, ce vilain coco, reprochait à Lamartine de faire à tout bout de champ l'éloge de sa mère, ces louanges intéressées ne pouvant manquer d'avoir les retombées les plus flatteuses sur leur auteur. Pour injuste que soit la critique, j'aimerais éviter qu'on me la serve à mon tour ; je veillerai donc à ne pas dire que du bien de ma chère maman. Les longues années d'économies et de privations avaient déteint sur elle, et elle se montrait parfois dans la dépense d'une retenue un peu mesquine. Elle aimait les fleurs et celles que je lui rapportais de mes randonnées en montagne lui causaient une joie sans mélange, tandis que les bouquets achetés dans un magasin n'étaient jamais reçus sans remontrances. Comme j'étais et suis encore fort maladroit dans tous les ouvrages exigeant la moindre habileté technique, elle utilisait volontiers la visite de camarades plus dégourdis pour faire réparer le raccord de son fer à repasser, ou pour d'autres travaux similaires. Certains d'entre eux, peu généreux de nature, ou incités par leurs tendres épouses, en ont conclu que ma mère était ladre et cherchait à exploiter leur complaisance. C'était une erreur. Mais maman était incapable de résister à la tentation de faire de petites économies. Étant toujours disposée à rendre des services, elle ne soupçonnait pas que d'autres le fissent mal volontiers. Le souci de ne pas me lancer dans de grosses dépenses, surtout pour moi-même, m'est resté comme une tare héréditaire.

Dans les meilleures intentions du monde, ma mère avait une forte tendance à vouloir mener la barque, et ma sœur et moi devions presque toujours céder. C'est là un défaut dont je crois être resté largement exempt. A ses propres yeux, maman se justifiait sans doute de nous imposer ses volontés, car elle ne demandait rien pour soi. Très bonne envers les autres, toujours prête à aider et à faire du bien, elle était pour elle-même d'une dureté spartiate. Encore peu de temps avant sa mort, nous avions fréquemment des discussions à table parce qu'elle voulait toujours se sacrifier et nous abandonner les meilleurs morceaux. Quand elle participait à ces agapes, du temps de mon mariage, mon épouse trouvait ces disputes déplaisantes, et elle nous reprochait d'être une famille querelleuse. J'ai jeté au cabinet, il y a largement plus de cinquante ans, un superbe plat d'asperges, et cet acte de vandalisme ne pèse pas très lourd sur ma conscience. Nous étions tous les trois très friands de ce mets, et ma mère l'appréciait tout particulièrement. Mais elle était ce jour-là possédée d'une soif de sacrifice inextinguible, et bien qu'il y eût assez d'asperges pour toute la famille, elle ne voulait pas en prendre pour elle une seule pointe. Ma sœur et moi, outrés de ce renoncement, nous refusions à les manger sans elle. Je dus lui adresser un ultimatum, spécifiant sans ambages mon intention, et comme maman s'entêtait dans son refus, je mis ma menace à exécution et les délicieuses asperges eurent ce triste destin.

Son sens du devoir n'empruntait pas toujours des voies si extrêmes. D'un cœur sincère elle pensait qu'il nous fallait, à l'âge où nous étions, manger de bon appétit pour compenser les privations de naguère, et peut-être celles de demain. Étant gamins, nous lisions souvent sur les devantures des placards qui proclamaient : « Fermé pour cause d'agrandissement » ou bien « Pour cause d'agrandissement, nos locaux seront transférés... » Quand ma sœur et moi, longtemps restés petits et malingres, faisions des difficultés pour finir notre soupe, maman utilisait souvent cette formule : « Allons, encore une cuillerée, pour cause d'agrandissement. »

Elle avait encore un grave défaut, dont je puis d'autant mieux parler que j'en suis un peu affligé : elle préférait de beaucoup les gens qu'elle aimait à ceux qu'elle n'aimait pas. Je m'explique : elle n'était pas impartiale. Elle se serait coupée en quatre pour faire plaisir aux personnes jouissant de sa sympathie, mais elle pouvait se montrer froide et déplaisante vis-à-vis des autres. Aimable, cordiale et pleine d'attentions envers les premiers, les gens étrangers à son affection devaient se contenter de la portion congrue, et s'ils n'étaient pas dotés d'un épiderme épais, ils s'en apercevaient bientôt. Elle n'était pas injuste de nature, ses antipathies étaient en général bien motivées, mais le sentiment une fois formé ne s'effaçait plus. Elle était rancunière, et quand elle avait conçu une aversion solide, elle ne revenait plus sur son jugement, c'était fini.

C'est là un défaut, je n'en disconviens pas et j'aurais mauvaise grâce à le nier puisque j'en suis atteint. Je ne crois pas être aussi rancunier que ma mère, mais je ne suis pas moins partial. Je ne sais pas être gentil et cordial envers les gens que je n'aime pas et, ce qui est pis, je n'ai guère envie de me débarrasser de ce travers. Être bon avec ceux que nous aimons, ce n'est pas une vertu, c'est une jouissance, un des plus doux plaisirs de l'existence, et nous serions mal venus d'en tirer gloire. Mais savoir surmonter une répugnance établie, offrir bonne figure à ceux qui vous veulent et vous font du mal, c'est un art. Il peut y entrer quelques arrière-pensées, car dans la lutte pour la vie il n'est jamais mauvais de dissimuler ses sentiments : cela permet d'éviter bien des heurts et des désagréments. Pourtant, celui qui cherche à se créer des amitiés solides et durables sans vouloir contenter le monde et son père agira tout au rebours, préférant montrer son caractère tel qu'il est et escomptant qu'on fera de même en face. Cela dit, je ne voudrais conseiller à personne une telle attitude : je vois trop où elle m'a mené. J'avouerai seulement que je ne regrette qu'à demi mon erreur, car le succès n'est peut-être pas le but unique de l'existence.

L'oncle Max fut l'une des influences dominantes de mon enfance, et pas seulement par sa taille. C'était le frère aîné de ma mère, et il était venu d'Allemagne tout exprès pour prendre la direction de la fabrique, à la mort de notre père. C'était un géant, mesurant près de deux mètres, un bel homme à l'abondante chevelure rousse et bouclée. Il s'était vite acclimaté et produisait des calembours dignes d'un Français de race. Bien qu'il fût resté célibataire, il n'était certainement pas un ascète et devait avoir beaucoup de succès auprès des dames. Comme les extrêmes se touchent, sa petite amie Anne-Marie était de taille fort exiguë, mais elle était très gentille et appréciée de toute la famille. A part les dames, l'oncle Max aimait beaucoup les enfants qui le lui rendaient bien. Il était gai, savait rire et faire rire les autres – même si le sens de certaines de ses plaisanteries en allemand ne nous fut dévoilé qu'après bien des années. Il venait souper chez nous une fois par semaine, et ses visites étaient pour nous une fête, outre que la chère se trouvait alors plus soignée qu'à l'ordinaire. De temps en temps, il conduisait les deux garçons au restaurant, presque toujours chez Duval qui nous semblait le comble du luxe, et nous nous réjouissions de la liberté qui nous était offerte de composer nous-mêmes notre menu. Nous n'abusions pourtant pas de cette licence ; étant à cet âge de l'enfance où l'on est conservateur d'instinct et ne voulant pas courir de risque, nous commandions régulièrement un bifteck comme plat de résistance.

Pour faire valoir sa taille gigantesque, l'oncle Max avait coutume, quand il était assis dans un lieu public, de se lever avec une lenteur calculée, de sorte que les spectateurs en venaient à se demander si cette ascension aurait ou non une fin. Il nous raconta un jour, mais je ne sais pas si cette anecdote était véridique ou une simple blague, qu'ayant une fois pris un repas fort médiocre dans une auberge chère et réputée, il demanda au garçon de faire venir le patron. Celui-ci étant accouru, mon oncle lui dit : « Cher Monsieur, permettez-moi de vous embrasser. – Mais pourquoi donc ? s'étonne le restaurateur. – Parce que nous ne nous verrons plus jamais ! » répond mon oncle imperturbable.

Son amour des enfants ne l'empêchait pas de ressentir une joie particulière à les mystifier. Il possédait une montre de poche telle qu'on en avait dans ces temps préhistoriques, grande et grosse comme une petite horloge et suspendue à une chaîne imposante, avec un couvercle orné de ses initiales – le tout en or massif et d'une valeur apparemment incalculable. Il nous montrait parfois cette merveille, et nous faisait souffler dessus, sur quoi le couvercle se levait, laissant apparaître le cadran. Nous avons su plus tard que le mécanisme était actionné par un bouton dissimulé ; peut-être même soupçonnions-nous déjà la supercherie. Mais nous aimions trop notre oncle Max pour ne pas lui laisser le plaisir de nous avoir embobelinés.

Pour nous faire enrager, il avait pris l'habitude de nous présenter comme une nouveauté une vieille plaisanterie qui m'est restée mot pour mot en mémoire, l'ayant sans doute entendu répéter une bonne centaine de fois : « Un Anglais vient à Paris, il entre dans un restaurant et commande un bifteck. – Avec plaisir, Monsieur, répond le garçon. – Non, pas avec plaisir, avec pommes de terre ! » Parfois, pour y mettre un peu de variété, il prononçait ces derniers mots avec l'accent anglais et il s'amusait comme un fou, feignant de croire que nous avions avalé de grand cœur sa farce mal réchauffée.

Même après dix ans de vie parisienne, l'oncle Max était resté prussien dans l'âme. Patriote jusqu'au bout des ongles, il faisait toujours couper ses complets par son tailleur de Cologne. Il méprisait les médecins français et affirmait qu'en cas de maladie, il préférerait encore se faire soigner par un vétérinaire allemand. Les praticiens d'outre-Rhin ne devaient pourtant pas lui porter chance : confié à leurs soins, il mourut de la poitrine en 1916, si je ne me trompe, n'ayant pas même atteint la cinquantaine, et sa robuste constitution dut s'incliner devant un art dont il avait eu l'imprudence de faire si grand cas.

Prussiennes encore étaient ses vues sur l'éducation. Tout incapable qu'il était de nous flanquer lui-même des taloches, il reprochait souvent à ma mère de nous élever avec trop d'indulgence. A l'en croire, elle ne nous infligeait jamais les punitions que nous avions méritées, préférant s'en tenir à d'aimables menaces du genre : « Le 26 décembre 1932, je t'administrerai une bonne fessée ! » De fait, je ne me souviens pas d'avoir été beaucoup battu dans mon enfance, mais je n'ai de toute façon pas grande confiance en la valeur de l'éducation en général, et je ne crois pas que cette pénurie de sévices ait grandement influencé notre développement. On nous racontait que nos cousins Fred et Ernest, un jour qu'ils s'étaient montrés particulièrement insupportables dans la rue, avaient eu à subir devant les passants ébahis une déculottade en règle suivie de la correction appropriée, ce que la brave foule parisienne n'avait pas manqué de désapprouver à force de murmures et grognements outrés.

En dehors de l'oncle Max, nos principales relations de famille à Paris étaient la tante Edwige, sœur cadette de ma mère, et l'oncle Ervin, qui dirigeait de son bureau de Paris une grande fabrique de fausse bijouterie sise en Bohême. A la différence de chez nous, les affaires devaient être prospères, et je m'étonnais chaque fois que l'oncle décidait, ni une ni deux, de faire un saut jusqu'à Gablonz, ce qui représentait un voyage de longue haleine en ces temps bénis qui ignoraient l'avion. La prospérité ne devait pas réussir à ces parents que j'imaginais faits pour l'insouciance. N'ayant pas su abandonner à temps leur fabrique et leur maison en Tchécoslovaquie, ils furent internés par les nazis et périrent, comme tant d'autres, dans un camp d'extermination. Mais au moment dont je parle, ils incarnaient à nos yeux le luxe et le succès. Nos cousines Suzanne et Andrée, un peu plus jeunes que nous, étaient pour ma sœur Mathilde et moi des compagnes de jeu rêvées, et c'était toujours un plaisir que de leur rendre visite chaque jeudi rue Perrée, même si notre frère se tenait à l'écart de nos ébats. Nous jouions surtout au papa et à la maman, Suzanne et moi nous réservant le rôle des parents, tandis qu'Andrée faisait la fille de la maison et Mathilde, la plus petite, le chien, à quatre pattes et aboyant de son mieux.

Seule ombre à ce tableau : la sévérité de la tante Edwige. Sachant que notre mère n'avait guère le temps de s'occuper de ses enfants, elle considérait comme son devoir de combler cette lacune et dès que nous arrivions sur ses terres, elle nous examinait sous toutes les coutures, inspectant notamment nos oreilles avec le plus grand soin. Pour Mathilde comme pour moi, ces examens auriculaires étaient un petit supplice. Nous vengions-nous ensuite en refusant de prêter notre ouïe aux splendeurs sonores que promettait la maison ? Toujours est-il que je ne me souviens pas avoir jamais entendu l'oncle Ervin jouer du piano, alors qu'on ne cessait de vanter devant nous ses dons de musicien.

L'autre pianiste émérite de cette famille douée pour les arts était Oscar, un cousin de ma mère, fabricant de robinetterie et grand fanatique de Chopin. Nous n'avions pas beaucoup d'occasions de l'entendre lui non plus, car il menait alors une existence de célibataire et ne se maria que sur le tard. Quelques années après, j'eus l'occasion de travailler pour son entreprise ; il se vantait de ses nombreux procès, qu'il gagnait presque toujours grâce à sa roublardise. Son frère Walter, qui devait ensuite devenir un vrai copain, quoique de vingt ans mon aîné, voyageait de par le monde pour vendre ses robinets, et il devait être un bon vendeur car il avait la parole facile – un peu trop, parfois, à mon gré. Lui ne jouait, pour tout instrument, que du gramophone, et je le vois encore arriver chez nous un soir, portant sous le bras un phonographe à vaste pavillon, impatient de nous faire connaître ces joies artistiques qui avaient encore tout l'attrait de la nouveauté.

J'ai eu ce grand avantage, qu'aucuns estimeront sans doute être un grave inconvénient, d'être un enfant précoce, presque un enfant prodige. Sans prétendre avoir eu la science infuse, je ne me souviens pas d'un temps où je ne savais pas lire. J'ai commencé mes études à un âge impossible, moins de cinq ans, si je ne me trompe, et les instituteurs montraient à mon endroit un mélange de respect et de compassion. Ayant en outre sauté plusieurs classes, je me suis trouvé plus tard au milieu d'élèves beaucoup plus âgés que moi, de sorte que je ne pouvais guère avoir de contact avec eux. Grâce à ce décalage qui atteignit vers la fin quatre à cinq ans, j'ai été fort peu contaminé par l'éducation, ni par celle que nous transmettent les maîtres d'école, ni par les connaissances de la vie communiquées par nos condisciples, qui sont, si possible, encore pires. Tant et si bien qu'après la crise de la puberté, tant chantée par les auteurs modernes (puberté, puberté chérie…), je me suis retrouvé à peu près entier et sans grande solution de continuité avec mon enfance.

Cette absence de rapports avec mes contemporains m'a sans doute empêché d'aimer le tabac, me privant de ces délices si prisées de Frédéric II et de Napoléon. Je ne m'estime pas meilleur que les autres, c'est uniquement la constatation d'un fait. Quand la tentation est inexistante, il est facile d'y résister. Les adolescents désireux de se conduire comme des grands et les femmes voulant faire preuve de virilité trouvent probablement dans le tabac des satisfactions d'amour-propre ; peut-être ma vanité exigeait d'autres compensations. Je me souviens qu'une fois, ma sœur et l'une de ses amies fumant en ma présence cigarette sur cigarette et moquant mon abstinence, je leur répondis, pour les faire enrager, que je trouvais cela trop féminin.

A l'institution de Mademoiselle Mazurier, dans le quartier des Buttes-Chaumont, où je fis mes premières armes dans la carrière des lettres, j'étais un as et l'honneur de ma classe. Quand ma mère voulut me retirer de cette petite école privée pour me faire entrer au lycée, la bonne dame la supplia de me laisser encore un peu chez elle : elle avait un tel plaisir à guider un élève si bien doué, et j'étais une si bonne réclame pour son établissement ! Je mentionne ce fait pour expliquer mon développement, et sans en vouloir tirer la moindre gloire. Nous savons très bien vous et moi que la précocité est un fort mauvais signe et que les enfants trop avancés pour leur âge deviennent fatalement des idiots avec le temps.

Les écoles que j'ai fréquentées par la suite, le lycée Voltaire, l'École commerciale, n'ont pas laissé sur moi des traces très marquées. Mon cerveau jeunet absorbait tout comme une éponge, j'apprenais avec une facilité exagérée, de là mon avance rapide, mais les connaissances accumulées ne s'incrustaient pas très profondément. Je ne me souviens guère que de deux professeurs, Henry Carnoy au Lycée Voltaire, auteur de romans pour la jeunesse, dont j'aimais beaucoup les cours car il ne faisait guère que nous raconter des histoires ; et Chambonnaud, professeur d'anglais à l'École de commerce, un homme rond et gai, lui aussi un auteur, qui ne dédaignait pas de lâcher de temps en temps tel bon mot facile et trop attendu, lequel avait malgré cela le don de me réjouir. Ma mémoire a aussi conservé les noms de plusieurs condisciples, Douay, le premier de notre classe, mais surtout quelques étrangers, l'Italien Salvarelli, l'Anglais Schoolbred, le Russe Popoff, dont le nom est devenu si célèbre comme l'inventeur de tant de merveilles, mais dont je me souviens sous les traits d'un garçon pâle et joufflu, qui avait, en dessinant une carte des régions polaires, légendé à notre grande joie son travail par ces mots : « Océan glacial artistique ».

Mon goût des mots d'esprit – et des mots tout court – remonte à loin ; j'ai toujours aimé m'entendre conter, ou me conter à moi-même, des histoires bien tournées. Quand j'étais tout petit, plus petit encore que je ne le suis devenu ou redevenu sur le tard, j'avais plaisir à entrer le matin dans le lit de ma mère pour lui débiter mes contes. Bien entendu, j'ignorais tout du complexe d'Œdipe, qui n'était pas encore inventé, et je n'avais gardé aucun souvenir de mon père. Plus tard, ma mère devait me rappeler la teneur de ces récits où je me complaisais, et qu'elle me reprochait de rendre trop tragiques : car j'avais coutume de faire périr de male mort les héros de mes narrations. J'en conclus que j'avais alors plus d'imagination qu'aujourd'hui, car le sentiment dramatique que je goûte si fort chez les bons auteurs s'est vite effacé en moi, jusqu'à me faire tristement défaut.

Ma mère devant s'occuper de son commerce, nos vacances étaient souvent déterminées par le lieu d'origine des bonnes qui la remplaçaient auprès des enfants et tenaient en ordre la maisonnée. Une fois, nous allâmes à Saint-Léger de Fougeray, près de Château-Chinon, et les collines du Morvan me donnèrent la première idée de la montagne – qui devait, plus tard, tenir une si grande place dans ma vie. J'étais encore un tout petit garçon, de sept ou huit ans, me semble-t-il, et nous passions nos vacances à Poulaines, un village perdu au fond de l'Indre, pays natal de la brave fille qui prenait soin de nous à cette époque. Dans ces contrées restées à l'abri de la civilisation moderne, la vie gardait encore une simplicité patriarcale. La boulangerie était, je crois, l'unique magasin, et le grand livre y était remplacé par une série de petites planchettes, où chaque pain de deux kilos reçu par le client était noté par une encoche. Pour les denrées coloniales, le service se trouvait assuré par une entreprise, *Le Planteur de Caïffa*, dont le tricycle passait de temps à autre dans la région, apportant le sucre et le café aux ménagères. Je me souviens du voyage interminable, avec plusieurs changements de train, l'un à Vierzon, par une chaleur torride et au milieu d'une montagne de bagages. Comme tous les enfants, je raffolais des animaux ; les ânes surtout, ces bêtes sages et patientes, dont la réputation a été si injustement ternie, jouissaient de ma sympathie. En ma qualité de petit Parisien, mes connaissances en histoire naturelle étaient des plus sommaires, et les malins paysans en profitaient pour me promettre de m'envoyer à l'occasion un œuf d'âne, que je m'imaginais pouvoir couver tout seul dans mon lit. Quelle joie c'eût été pour moi de posséder en propre un petit âne que j'aurais nourri des carottes dont je me passais volontiers, jusqu'à ce qu'il soit devenu assez fort pour me porter ! Hélas, de mes trop nombreux rêves, ce fut l'un des premiers à ne s'être point réalisé pour raison de force majeure.

Je me revois quelques années plus tard, alors que je suivais les cours de l'École commerciale. J'avais onze ans à peine, et j'étais particulièrement petit et chétif pour mon âge, tandis que mes condisciples avaient tous quatre ou cinq ans de plus que moi. Le proviseur, inquiet, avait tenu à dégager sa responsabilité au cas où une méningite aurait été la sanction de mon supposé surmenage. Mais je n'étais pas le moins du monde surmené ; ma mémoire était excellente et m'épargnait bien des efforts.

Malgré mon handicap de plusieurs années, j'étais un des meilleurs de ma classe, et je n'avais guère que deux ou trois points faibles. Au lycée, on m'avait dispensé de la gymnastique, vu ma débilité physique, infériorité que la montagne m'a aidé à surmonter depuis lors, jusqu'à me permettre de devenir un alpiniste convenable. Mais j'étais franchement mauvais en algèbre, et je ne brillais pas non plus dans le dessin géométrique. Mes camarades prétendaient que j'utilisais le compas pour les lignes droites et la règle pour les lignes courbes. Sans doute la mathématique me rebutait pour quelque obscure raison, science que je me suis toujours fait fort d'ignorer à fond, lors même que m'attendait une destinée de comptable.

Mon voisin de banc à l'École de commerce était un nommé Bertin, un garçon solide aux cheveux noirs, qui n'était pas un des aigles de la classe, mais un grand farceur et diseur de bons mots. Il n'était pas méchant, même s'il lui arrivait de me reprocher ma qualité de métèque, mais je m'imagine qu'il n'était pas trop satisfait d'avoir à ses côtés un phénomène de mon espèce, et qu'il eût préféré un bon vivant de son genre. Sans me prendre précisément comme tête de Turc, il aimait rire de ma candeur, car j'étais demeuré terriblement naïf à presque tous les égards. Il me raconta un jour que son père ayant été en Suisse, il en avait rapporté un morceau de neige éternelle. Elle était toute semblable à la neige que nous connaissons, blanche et froide, mais on avait beau l'exposer au feu, elle ne fondait pas. Je l'avoue, je me suis laissé prendre ; j'étais ingénu, sans méfiance, et l'histoire naturelle, on l'a vu, n'était pas mon fort. L'ami Bertin a dû en faire des gorges chaudes avec ses copains.

Depuis, j'ai assez foulé de neige éternelle pour savoir qu'elle fond aussi facilement que l'autre, surtout quand elle vous entre dans les souliers. Je ne crois plus à l'éternité de la neige, ni à celle de plusieurs autres choses. Mais quand je me remémore cette anecdote, tout en déplorant mon ignorance crasse, je n'arrive pas à regretter ma crédulité. Car la désillusion, si elle nous apporte, avec l'expérience, quelques amères satisfactions, traîne aussi après elle son lot de déconvenues et de rancœurs, et les âmes réputées lucides sont souvent celles qui tournent le plus vite à l'aigre. Ainsi ce frêle souvenir, conservé comme par miracle, jette un pont suspendu, ténu comme un fil de la Vierge, entre le garçonnet éveillé et alerte que j'étais alors, ignorant la méchanceté du monde, et le vieux monsieur sceptique, poussif et grognon que je suis devenu avec les années.

Passer en revue les vieilles photos qui nous représentent aux divers âges de la vie est un plaisir où se mêle presque toujours quelque trouble, quelque inquiétude. Il n'est jamais réjouissant de constater les dégâts causés par l'existence. Quoi, ce bébé joufflu exposant sans vergogne sa nudité, c'est moi ? Et ce petit garçon à l'œil vif, à l'air mutin et décidé, c'est encore moi ? Et cet adolescent aux cheveux bruns, au regard tendre et câlin. Et cet homme jeune encore, en possession de toutes ses dents et de tous ses cheveux, dont l'œil brille d'un éclat presque heureux ?... Après la trentaine, la décadence s'insinue, de façon presque invisible d'abord. D'infimes rides apparaissent, qui s'approfondissent avec une trompeuse lenteur. Les déceptions, les douleurs, les déboires creusent sans bruit leur sillon. Oui, c'est bien cela, la vie : on ne m'y reprendra plus !

Contemplant d'affilée ces multiples facettes d'une aventure que tout m'invite à vivre comme une réalité continue, j'en viens à douter un peu de mon identité. Certes je me souviens avoir été jeune, plein d'entrain, joyeux, amoureux même. Je n'ai pas oublié que le vieil arpenteur de trottoirs que je suis maintenant, en tout bien tout honneur, a commencé par être un piéton en culottes courtes. Je n'avais pas dix ans quand il me prit la fantaisie de parcourir les unes après les autres, en une même après-midi, toutes les allées des Buttes-Chaumont ; je parvins même à induire ma petite sœur à m'accompagner dans cette performance athlétique. De même ai-je pu l'engager, une dizaine d'années plus tard, à faire avec moi à pied le voyage de Zurich jusqu'au mont Righi. Cette persistance dans ma vocation marcheuse après une douzaine de lustres me permettrait d'inférer avec vraisemblance que je suis toujours le même individu.

Et pourtant, je n'en suis pas tout à fait convaincu. Les physiologistes nous assurent que notre corps est en perpétuelle mutation, les vieilles cellules devant à chaque instant céder la place à de nouvelles venues. Comme le couteau de Jeannot, dont il remplaçait alternativement le manche et la lame, il ne doit rien rester, au bout d'un certain temps, des particules matérielles qui constituaient notre anatomie. Au point de vue spirituel, c'est encore bien pis. Que subsiste-t-il des aspirations de notre enfance, des longs espoirs et des vastes pensées de notre jeunesse, des rêves ambitieux de bonheur et de gloire qui m'accompagnaient jusque dans l'âge mûr au cours de mes pérégrinations solitaires, m'enveloppant et m'isolant comme un voile invisible et charitable, que reste-t-il de tout cela ?

Puisque nos pensées d'aujourd'hui ne sont plus celles de notre adolescence et que notre corps délabré n'offre qu'une vague ressemblance avec celui que nous habitions il y a quarante ans, le souvenir subsiste seul pour affirmer la continuité de notre être. Notre vie, ou ce qu'il en reste, est suspendue à ces quelques grains de chapelet enfilés sur le cordonnet subtil de la mémoire, dont la rupture est toujours à craindre. Et encore, qui nous prouve que ces bribes de mémoire sont véritablement de première main ? Ne sont-elles pas plutôt les reflets d'un souvenir, l'écho d'une voix ensevelie, l'ombre d'une ombre ?

Si notre identité n'est pas aussi sûre que nous l'imaginons parfois en nos jours d'euphorie, notre idée favorite d'un monde mouvant, changeant et s'agitant autour de notre personnalité immuable comme un roc est de la derrière absurdité. Assis dans un train arrêté en gare vis-à-vis d'un autre train, vous ne savez jamais de prime abord si c'est votre convoi ou celui d'en face qui se met en marche, à l'instant où vous prenez conscience d'une rupture dans l'immobilité des choses. Au sein d'un univers où tout se meut, tout se transforme, où la rapidité des mutations confond l'entendement, quelle présomption ridicule que de se figurer l'homme, ce raccourci d'atome, comme détenteur d'une individualité permanente et imperturbable. De même s'imaginait-on, avant Copernic, la terre comme un pôle autour duquel le soleil et les étoiles tournaient tels des chevaux de bois. Oui, je sais, il ne faut pas être trop modeste, l'homme a aussi sa valeur et sa majesté, il a inventé l'Amérique, le fil à couper le beurre, la bombe atomique et tant d'autres belles choses. Est-ce à dire qu'il est pour cela le centre de tout ?

Peut-être est-ce la timidité qui me presse à avoir de la grandeur humaine une vue si relative. Mon frère René, de deux ans plus âgé que moi, avait accaparé, je l'ai dit, tout le toupet de la famille, me laissant en partage, ainsi qu'à ma sœur, ces vertus d'effacement et de réserve que s'ingénient à célébrer les littérateurs mais qui ne prédisposent pas au succès – surtout chez moi, où elles prenaient une allure de sauvagerie et de maladresse des plus embarrassantes. La sensibilité effarouchée que nous avions en commun fut sans doute à l'origine de l'affection qui toujours nous rapprocha, Mathilde et moi, alliés naturels contre les entreprises de l'aîné. Cet attachement devait nous durer toute la vie, et me valoir parfois la jalousie de personnes qui m'aimaient, mais trouvaient exagérés et presque contre nature les sentiments que je vouais à ma sœur. René n'en exerça pas moins sur moi une influence marquante. Non pas que son aplomb inébranlable ait jamais déteint sur mon caractère, ou qu'il se soit consciemment donné de la peine pour parfaire mon éducation. Mais son exemple, quoique je m'en défendisse, m'aiguilla en mainte occasion vers des chemins que je n'aurais peut-être pas trouvés tout seul, sinon après bien des tâtonnements et faux pas. Il s'était lancé dans l'étude des langues et je l'ai bientôt suivi dans cette voie, consacrant mes rares loisirs, le matin et à midi, à piocher un idiome après l'autre. Mais tandis que mon frère, de sens pratique et rassis, se contentait d'adjoindre l'italien et l'espagnol aux trois langues que nous connaissions déjà, je m'attelai ensuite, pour l'amour de l'art, à l'étude du latin, du grec et même du russe. L'italien seul, grâce au contact que j'entretins par la suite et pour de longues années avec un groupe d'amis tessinois, me fut une acquisition durable. Quant à mes connaissances en espagnol, elles se sont estompées avec le temps, et l'analogie de cette langue avec l'italien contribua surtout à m'embrouiller. Je garde toutefois le souvenir précis d'un épisode lié à mon engouement pour le parler de Cervantes : j'étais assis dans un jardin public, mon livre de castillan ouvert devant moi, quand un monsieur vient s'asseoir à mes côtés, jette un œil par-dessus mon épaule et entame conversation. « Oui, l'espagnol est une bien belle langue. Elle est moins douce que l'italien, mais possède davantage de vigueur. Toutefois, la plus belle langue européenne, la plus riche et la plus harmonieuse, c'est le russe ! » Il discourut ainsi un moment, puis il me quitta en me félicitant de mon application, sans me demander mon nom et sans me dire le sien. Le soir même, ma sœur qui terminait ses études à l'École commerciale m'apprit que son professeur lui avait confié : « J'ai rencontré tout à l'heure votre frère, et nous avons causé. » Il ignorait jusqu'alors qu'elle eût un frère, mais l'air de famille devait être assez marqué pour qu'il ne conçût pas le moindre doute à ce sujet. Cette ressemblance a survécu au temps, même si dans les dernières années elle tenait plus à la similitude des caractères qu'à celle des traits du visage. Certes les controverses entre nous n'ont pas manqué, comme il est d'usage, mais elles étaient causées en bonne partie par ma déplorable manie d'accumuler les bouquins, source de discussions animées, rien de plus. Et je puis mettre cette longue amitié fraternelle, qui n'a jamais été troublée par la moindre dissension, au rang des biens les plus précieux de mon existence.

Le désir de suivre mon frère en m'initiant aux langues étrangères ne devait d'ailleurs pas me conduire très loin. J'ai assez bien su le latin dans le temps, mais pour ce qui est du grec, j'ai dû me contenter de lire Xénophon sans trop de peine, et de déchiffrer Homère en ahanant. Là encore, le temps a passé : j'ai ouvert il y a peu un volume des fables d'Ésope que j'avais, il y a trente ou quarante ans, lu et annoté ; force m'a été de constater que j'étais maintenant tout juste capable de traduire un mot par-ci par-là. Pour le russe, je suis également resté à moitié chemin. Je m'y étais pourtant lancé avec enthousiasme, au temps de ma grande passion pour Dostoïevski, que j'espérais pouvoir lire un jour dans le texte avec un plaisir accru. Mais l'homme propose…

Mon frère fut aussi mon initiateur dans la carrière du journalisme qui est, en quelque sorte, une antichambre des lettres.

Sans être musicien, mais après avoir étudié de nombreux livres, il était devenu critique musical et théâtral, non sans succès. Jusqu'à la fin de sa vie, cet homme infatigable et cultivé pondit régulièrement des articles sur les sujets les plus divers ; tout ce qu'il écrivait était aussitôt publié, et lui valait en bonne justice argent et considération. Ne possédant ni son autorité ni sa prestance et cultivant petitement mes talents, ma réussite dans le monde de la presse fut des plus modestes, et je quittai bientôt ce domaine pour lequel je n'étais point fait. N'étant pas tenaillé par le désir de gagner ma vie en écrivant, la production d'une œuvre littéraire m'était en elle-même une satisfaction suffisante, et il m'était agréable de ranger mes manuscrits l'un après l'autre dans un tiroir, sans songer au précepte d'Horace qui suggère de les y laisser neuf ans seulement.

Avouerai-je que je crois n'être plus, à l'heure où je couche ces mots, aussi éveillé que lorsque j'arpentais en galoches le bitume parisien ? Je me souviens avoir été abordé, rue des Écluses Saint-Martin, par un monsieur s'inquiétant de savoir si je ne cherchais pas une place. Je ne devais pas avoir plus de treize ans, et ma taille n'annonçait même pas cet âge. Le fait ne s'est jamais reproduit depuis lors, et je dois en conclure que je n'ai plus l'air aussi dégourdi qu'en mes vertes années. Un jour que je pouvais avoir six ou sept ans, on m'avait laissé seul au haut de l'escalier de la gare Saint-Lazare, juste le temps d'acheter un billet. Je devais avoir l'air bien seulet car un gros monsieur s'arrêta devant moi et me demanda gentiment ce que j'avais à vendre. Je n'avais rien à lui offrir, mais je garde quand même une pensée reconnaissante à cet acheteur bénévole. Plus tard, devenu contre mon gré vendeur de profession, je n'ai jamais plus trouvé une personne qui se montre disposée à m'acheter quoi que ce soit avant que j'aie pu lui faire mes offres de service.

Étant resté si gosse entre quinze et vingt ans, au lieu de me livrer aux débordements de mon âge et de soupirer après des beautés plus ou moins faciles, je me suis sérieusement attelé à la tâche de procurer à cette pauvre humanité le bonheur intégral auquel elle aspire. Mes efforts, je suis heureux de le dire, ont été couronnés de succès. Vers l'âge de dix-neuf ans, si je ne me trompe, après de longues lectures et de profondes méditations, j'ai découvert la constitution idéale, solution de tous les problèmes politiques et sociaux. Mais hélas je n'ai pu retrouver dans mes tiroirs la trace de ces notes, et ma mémoire, devenue parfois très capricieuse, me fait faux bond sur ce point. Je le regrette pour l'humanité ; je confesserai cependant que je me soucie sensiblement moins de la félicité du genre humain que je ne le faisais à vingt ans, et j'ai même quelque peu cessé d'y croire. Du même coup, j'ai perdu ma foi dans les constitutions politiques, et j'en viens parfois même à penser que la constitution de notre corps est la seule qui ait une influence décisive sur les heurs et malheurs de l'existence.

La lecture a été de bonne heure un de mes vices favoris. J'ai longtemps fréquenté les bibliothèque publiques, mais j'ai ressenti dès ma première jeunesse le désir de posséder des livres, de former mon propre cabinet de lecture. Cet amas de bouquins, modeste à ses débuts, est devenu avec le temps considérable et même assez encombrant. Je revois ma bibliothèque dans son état primitif, alors que je n'avais guère dépassé les vingt ans. Elle couvrait une des parois de ma chambre à coucher. J'avais fabriqué moi-même les casiers avec des caisses de savon. Pour donner au tout un cachet artistique, j'avais laissé vide la caisse centrale, la revêtant de velours noir, et un crâne humain, obtenu d'un ami étudiant la médecine, y trônait majestueusement. Je trouvais cela du meilleur effet, mais cette fantaisie macabre plaisait moins à ma famille, et le crâne disparut par la suite.

Mon père étant mort à trente-neuf ans et ma mère restée veuve avec trois petits enfants et une fabrique faisant de mauvaises affaires, nous avons toujours été les parents pauvres de la famille. Comme tels, maman étant trop fière pour accepter de l'argent, nous avons été en grande partie vêtus, jusqu'à notre majorité si ce n'est plus tard, des laissés-pour-compte libéralement distribués par des parents plus fortunés, lesquels n'avaient d'autre tort que d'être presque toujours plus grands et plus gros que moi. C'est pourquoi je suis habitué par une longue pratique à porter des vestons dont les manches cachent presque mes mains, des pantalons dont le siège descend aux genoux, des manteaux qui ne gardent qu'un faible souvenir de leur fraîcheur et de leur beauté premières. Cette expérience a laissé sur moi ses traces jusqu'à ce jour, et le sens de l'élégance vestimentaire me fait défaut à un degré inconcevable. Encore maintenant, quand je m'achète un complet, je suis tout surpris si ses formes semblent s'adapter complaisamment à celles de mon anatomie.

C'est sans doute en vertu de cet atavisme que je ne me soucie guère que les livres dont je fais l'acquisition soient rigoureusement vierges. Il m'est indifférent de savoir que mes regards ne sont pas les premiers à se promener sur ces pages. Je ne suis pas insensible à la beauté physique d'un volume. Un bon papier, une impression soignée, une reliure élégante me causent une joie vive et durable, et la possession d'un ouvrage où ces qualités se rencontrent est pour moi pleine de charmes. Mais je crois que, pour les livres comme pour les femmes, la valeur du pucelage est un peu surfaite. Je n'éprouve pas une jalousie d'eunuque en pensant qu'un autre a déjà caressé cette peau de chagrin, joui du contact soyeux de ce vieux japon. Je n'ai pas l'amour jaloux et exclusif, je ne suis pas du bois dont on fait les Othello.

Voilà pourquoi j'achète de préférence mes livres d'occasion, pas seulement parce qu'ils sont ainsi meilleur marché. Ce facteur a toutefois son importance, car je suis, en fait de bouquins, à la fois gourmet et glouton. J'aime avoir autour de moi plus de livres que je n'en puis lire. De plus, bien que ce travers soit condamné par de bons esprits que je respecte, j'ai plaisir à prêter mes livres, au lieu de recommander leur emplette aux amateurs.

Prêter des livres est souvent une opération risquée. Bien

des gens trouvent trop subtile la distinction entre un livre prêté et un livre offert et, dans le doute, ils préfèrent garder l'objet incriminé. Surtout quand on s'adresse à des amis, ce serait un manque de tact de mettre trop exactement les points sur les i, de préciser que l'on attend la restitution de l'ouvrage dans un délai pas trop lointain. Comme l'ami a presque toujours tendance à garder le bouquin plus longtemps que prévu, les termes du contrat s'estompent à la longue, et le bon copain s'imagine finalement avoir reçu un cadeau, ce qui n'était nullement dans nos intentions. Au bout du compte, il y a prescription, et notre bibliothèque s'est appauvrie d'un volume pour lequel nous n'avons jamais reçu de remerciement.

Je ne l'ignore pas, c'est en achetant des livres neufs que l'on encourage la littérature vivante, que l'on donne la pâture au libraire, ce héraut de l'esprit, à l'éditeur, ce philanthrope éclairé, à l'auteur, ce génie méconnu. Mais la littérature moderne ne m'attire pas. Je ne voudrais pas dire du mal des auteurs contemporains, d'autant plus que je fais, quoique indigne, quelque peu partie de la confrérie, mais ils me semblent tous plus ou moins infectés par le bacille du journalisme. Ils sont si pleins d'aplomb, si à la page ! Leur compétence m'effraie, leur facilité m'épouvante. Quand je veux du moderne, je préfère lire un journal, plaisir que je goûte, du reste, avec modération. Mes connaissances en argot sont aussi trop faibles pour que je puisse apprécier mes confrères à leur juste valeur. Avec les auteurs anciens, il y a toujours moyen de s'entendre. Ils ne furent pas si prolifiques, et ils ont le grand avantage d'être morts.

Et puis l'achat d'un livre neuf n'est jamais qu'une transaction commerciale comme les autres, une opération banale et prosaïque, le corps du délit fût-il un recueil de poésie. Vous entrez chez le libraire, vous demandez tel ou tel livre, on vous le montre, vous le soupesez, vous le payez, on l'emballe et c'est fini. C'est un peu comme si vous aviez acheté une tranche de viande. A mon sentiment, le livre est ou devrait être une valeur spirituelle, et ce vilain troc où la matière triomphe me paraît être un trafic illicite de choses saintes, une espèce de simonie laïque.

Comparé à cet épisode écœurant, l'achat d'un « bouquin » resplendit de la gloire la plus pure : ce n'est pas une affaire, c'est une aventure. On commence sa tournée sans plan préconçu, ignorant en partant si l'on va à la rencontre de quelque merveille, d'un de ces livres insoupçonnés appelé à devenir un ami pour la vie, ou si l'on reviendra bredouille, n'ayant fait que recenser une fois de plus les horreurs trop connues qui forment le fonds le plus constant de l'entreprise littéraire. On m'opposera peut-être que l'espoir qui subsiste au cœur du bibliophile, lequel jamais ne désespère de trouver au cours de ses pérégrinations la perle rare dont parle l'Écriture, un incunable, une édition princeps, un autographe célèbre, est la marque d'une âme basse, avide de lucre. Précisons qu'en dépit de l'ignorance crasse des bouquinistes en général, bienfait dont nous ne cessons de remercier le ciel, ces occasions sont rarissimes, les livres dont la valeur marchande dépasse zéro étant presque toujours d'un prix inabordable. De plus, il suffit d'avoir essayé de revendre des livres pour constater que la trouvaille la plus mirifique devient une mauvaise affaire quand nous cherchons à en tirer un profit. C'est la revanche de l'esprit sur la matière.

Avec le temps, l'entretien d'une bibliothèque, si agréable, si précieuse qu'elle nous ait paru d'abord, peut devenir un poids mort, si l'on ne possède pas une maison bâtie sur le roc, où l'on est sûr de pouvoir vivre et mourir. J'ai parfois l'impression que les livres ont augmenté de poids, ce dont on s'aperçoit s'il faut les déménager, les emballer, les déballer, les remettre à leur place. Quand j'étais jeune et vigoureux, il m'est arrivé pour simplifier un déménagement de procéder moi-même au transport de mes livres, étant capable, grâce à mon expérience de montagnard, d'en charrier une trentaine de kilos dans un sac commodément placé sur mon dos (on ne peut pas se ménager quand on déménage). J'ai dû accomplir alors une centaine de voyages, mais c'était avec plaisir : je ne sentais pas la fatigue ; peut-être même étais-je heureux de faire quelque chose pour mes bouquins, qui avaient tant fait pour moi.

Comme le pêcheur, le chercheur de bouquins doit être patient et savoir attendre son heure, car c'est au hasard que nous devons les meilleures rencontres. Comme le chasseur sachant chasser sans son chien, l'amateur de livres d'occasion cultivera d'abord son flair, n'hésitant pas à aller au-devant du gibier sans craindre ni les fatigues ni les déboires. Semblables à toutes les joies humaines, les plaisirs de l'ami des livres ne valent que par la peine qu'ils ont coûtée, ceux qu'on obtient trop aisément s'évaporent dès qu'on veut les savourer. Je m'excuse de tomber dans le ton sentencieux, mais dans tout Français écrivant veille un moraliste qui s'ignore. Au reste, le livre n'est jamais un ami offert par la nature, c'en est un qu'il faut aller chercher, qu'il faut conquérir, mériter. La supériorité du livre d'occasion sur le livre neuf n'est pas seulement comparable à celle du vin vieux sur l'aimable piquette. L'achat d'un livre neuf est une visite de convenance ou d'intérêt, un geste casuel où l'on ne saurait voir l'intervention du destin. Au lieu que le livre d'occasion peut être l'ami d'enfance que vous retrouvez après cinquante ans d'oubli ; ou l'âme sœur restée inconnue jusqu'au moment où vous la rencontrez, et vous ne comprenez plus après cette révélation comment vous avez pu vivre si longtemps sans elle. Il peut aussi vous réserver une mauvaise surprise, l'une de ces mille désillusions dont est tissé le voile de l'existence, car les prodiges ne sont pas quotidiens. En allant à la recherche des bouquins, vous n'attestez pas seulement la primauté du spirituel sur le temporel, vous témoignez de votre espérance vivace et de votre courage imperturbable, de votre confiance en ce miracle permanent qu'est l'Univers, vous faites un acte de foi, vous travaillez dans la mesure de vos forces à la venue d'une humanité meilleure.

Cette dernière phrase nous a peut-être conduits un peu loin. On me rétorquera avec quelques justesse que l'amateur de livres finit par perdre le sens de la mesure et laisse ses achats dépasser ses besoins. J'en conviens avec contrition, le bibliophile acquiert souvent plus d'œuvres qu'il n'en peut lire, de même le Don Juan et le chasseur prennent des femmes et des lapins dont ils ne savent plus jouir. Mais tout amour robuste a tendance à devenir passion, et la passion et la raison sont deux puissances qu'il n'est pas toujours possible de mettre d'accord. Je respecte et chéris la raison avec l'ardeur de feu Boileau, mais je n'oublie pas que la passion doit garder ses droits. Elle est la force de la nature, même quand elle se présente sous l'aspect d'un de ces disgraciés qui recherchent les livres plus que les hommes. Si la raison gouvernait le cœur des humains tout irait mieux sans doute, nous n'aurions probablement plus de guerres ni de crimes, mais il nous manquerait pourtant quelque chose et je ne suis pas sûr que les enfants continueraient à venir au monde avec la même alacrité. A la faveur de cette réflexion, permettez-moi d'acheter de temps à autre un livre dont la possession ne représente pas une nécessité absolue. Et puis l'esprit et la matière ne sont peut-être pas séparés par une cloison étanche. Pourquoi les valeurs spirituelles ne se transmettraient pas elles aussi par le canal des sens ? La science, certes, doit être enlevée de vive force, par dur labeur et patience. Mais la sagesse, infuse et maturée par les siècles, n'est-il pas permis d'imaginer qu'elle s'infiltre en nous, par le jeu d'une sorte d'osmose, au simple contact matériel de quelques objets élus ? Comme il serait beau de s'imbiber de sapience sans labeur fastidieux, sans hâte indécente, en se bornant à manier, à aimer les beaux livres anciens, humant ici et là le fumet d'une page choisie selon l'humeur du moment, butinant sans contrainte et faisant son miel de cette paresse même !

Qu'on me pardonne cette digression un peu longue. Les livres ont tenu dans ma vie une telle place qu'il m'est difficile de les traiter ici sur un moindre pied que mes parents ou mes amis. Je n'oublie pas non plus que je leur dois, outre des plaisirs parmi les moins frelatés, la matière première d'une imagination qui s'est forgée pour une large part au fil de mes lectures. Que celle-ci soit aussi vagabonde que mes habitudes de liseur n'étonnera point. On trouve, sur les rayonnages où je range mes trésors, de la philosophie, des œuvres scientifiques, quelques romans classiques, beaucoup de mémoires, de biographies, de récits de voyage, bref un méli-mélo sans esprit de suite et apparemment sans logique. Du temps que je fréquentais les bibliothèques, mes lectures étaient plus systématiques, plus suivies. J'ai lu alors d'affilée des centaines de volumes d'auteurs français du XVIIIe siècle : non seulement les classiques, que je n'ai jamais cessé de fréquenter, mais les oubliés, les humbles moralistes dont l'œuvre n'intéresse plus guère que les historiens brevetés. Ainsi ai-je dévoré la Correspondance littéraire de Grimm et Meister, les mémoires secrets de Bachaumont. J'avais même utilisé ces lectures pour rassembler une collection d'anecdotes sur cette époque si douce aux privilégiés, qui va de Watteau à Greuze et où semblent se concentrer les vertus et les défauts d'une nation gouvernée alors par le bel esprit. Je n'ai jamais songé sérieusement à publier ce choix, dont je ne trouve d'ailleurs plus trace dans mon fouillis de paperasses. Mais je résiste mal à la tentation d'en extraire quelques friandises, au risque que les meilleures soient déjà goûtées des amateurs. Retranchons-nous derrière l'adage latin : « Que les ignorants s'instruisent, et que les connaisseurs aient plaisir à retrouver de vieux amis… » Je voulais intituler cette anthologie *La Douceur de vivre :* une douceur qui s'accommode en l'occurrence d'une jolie pointe d'acidité, mais qui a surtout pour elle de ne se livrer qu'à demi, d'éviter les fades évidences, glissant sans en avoir l'air sa morale ou sa rosserie entre les mots et jouant du sous-entendu comme un claveciniste accompli des silences de la partition…

… Voltaire se promenait dans Paris avec un ami, quand vient à passer la procession du Saint-Sacrement. Comme le célèbre mécréant ôte son chapeau, l'ami s'étonne : « Quoi ! vous vous êtes réconcilié avec le bon Dieu ? – Nous nous saluons, mais nous ne nous parlons pas. »

… Une tragédie du même Voltaire avait été représentée avant d'être imprimée, et le venimeux Fréron en rendait compte en ces termes : « La représentation a fait beaucoup d'honneur à Monsieur de Voltaire, et la lecture à Mademoiselle Dumesnil ».

… Le lieutenant de police d'Argenson admonestait l'abbé Desfontaines, coupable d'écrire des pamphlets scandaleux : « Vous êtes intelligent et cultivé. Pourquoi faites-vous ce vilain métier ? – Mais, Monsieur, il faut bien que je vive ! – Monsieur, je n'en vois pas la nécessité. »

… Sophie Arnould vieillissant regrettait ses amours orageuses avec le comte de Lauraguais : « Ah, c'était le bon temps ! J'étais bien malheureuse ! »

… Vestris, la fameuse ballerine, avait été demandée en mariage par un grand seigneur. Pour se montrer digne d'un tel honneur, elle avait promis de lui donner la liste complète de ses amants. Ses anciennes collègues épiloguaient là-dessus : « Quelle imprudence ! » disait l'une. « Quelle sincérité ! » rétorquait une autre. Cette mauvaise langue de Sophie Arnould ajoutait : « Quelle mémoire ! »

… Mademoiselle Dumesnil, à qui l'on reprochait son manque absolu de cruauté, répondait de sa voix la plus douce : « Ils disent tous que cela leur fait tellement plaisir ! » A quoi les méchants ajoutaient cette coda : « Et il m'en coûte si peu. »

… Une autre actrice, plus célèbre par sa beauté que par son esprit, se plaignait devant ses camarades d'être continuellement assiégée par ses admirateurs. Sophie Arnould la remettait à sa place : « Vous pouvez aisément vous en débarrasser. Vous n'avez qu'à parler. »

… Le maréchal de Richelieu, le vainqueur de Port-Mahon,

était surtout connu pour ses succès d'alcôve. Il eut le malheur de ne pas dételer à temps. Un jour qu'il avait, à quatre-vingts ans passés, rendez-vous avec une charmante plus jeune que lui de quelque cinquante printemps, une amie qui connaissait sa faiblesse bougonnait : « Je me demande comment vous allez vous en sortir ! » Le vieux galant répondait mélancoliquement : « Ce n'est pas là qu'est la difficulté. »

... Louis XV, lors d'une réception, devait dire quelques mots aimables à chacun de ses convives. Ne voulant pas se fatiguer, il demandait à tous ses invités : « Combien avez-vous d'enfants ? » Un seigneur, qui avait deux fois répondu : « Trois, Sire », se prit à dire, de nouveau questionné : « Quatre, Sire ». Le roi, qui avait bonne mémoire, lui fit remarquer sa bévue. A quoi il lui fut répondu : « Sire, je craignais de vous ennuyer en vous disant toujours la même chose. »

... Madame du Deffand, apprenant qu'une de ses domestiques était enceinte, forgea ce pseudo-proverbe : « Souris qui n'a qu'un trou est bientôt prise. »

... Un grand seigneur, dont le nom m'échappe, était réputé pour sa passion des femmes et des chevaux. Un ami crut l'embarrasser en lui demandant laquelle de ces deux folies était chez lui la plus forte, et se fit servir cette réponse abrupte : « J'aime mieux les femmes, mais j'estime plus les chevaux. »

Je m'abstiens de continuer, et m'excuse auprès des lettrés selon la formule déjà mentionnée : « *Ament meminisse periti.* »

Le XVIIIe siècle, ainsi qu'il se doit, m'a conduit tout droit à la Révolution, que j'ai étudiée avec passion. Après avoir lu Tocqueville et les meilleurs historiens, j'ai voulu examiner les sources : les pamphlets, les mémoires plus ou moins apocryphes et jusqu'aux trente ou quarante volumes de l'*Histoire parlementaire* de Buchez et Roux. Je vivais dans l'ambiance du Paris de l'époque. Mirabeau, Danton, Robespierre m'étaient à ce point familiers que j'en venais à m'étonner de ne pas les rencontrer dans la rue. J'avais mes sympathies, Barnave et Camille Desmoulins, par exemple ; tandis que d'autres, comme Hébert ou Barère, étaient l'objet de mon aversion spéciale.

Cette préférence marquée pour les vieux livres et les vieilles histoires, ce goût d'un passé révolu ne sont, je m'en rends compte, qu'une manière de tourner le dos à mon époque, laquelle se vante trop de ses « progrès » pour n'avoir point à cacher quelque barbarie secrète. Son arrogance, que l'on peut simplement trouver naïve, m'a toujours paru à la fois vulgaire et terrifiante. Les « grands hommes » qu'elle a dressés pour notre édification sur les tréteaux de la politique se sont généreusement chargés de justifier mes pires appréhensions à cet égard, et mieux encore s'il se peut. Voilà de quoi m'ont préservé tant bien que mal les livres anciens, alors que je retrouve presque toujours dans les lettres contemporaines les vices de notre époque fiévreuse, brutale, avide d'actualité, de vitesse et de technique. Volontairement privé des moyens de communication qui si fort plaisent à mes semblables, impatients dirait-on d'ingurgiter tous, et si possible aux mêmes heures, la même bouillie d'information, je suis devenue indifférent, voire réfractaire, aux débats d'idées et aux modes qui les rassemblent, et à la Mode tout court, ce monstre qui domine et tyrannise notre aimable société. Ma vie s'en est ressentie, mais aussi ma façon de vivre, de penser, ma conception des arts, de la politique, du sport et de tout le reste. Ayant de bonne heure senti en moi la vocation d'écrire, et placé comme j'étais en marge de mon temps, je me voyais voué de prime abord à l'insuccès. Ainsi ai-je préféré longtemps écrire pour moi, et pour moi seul.

Les lacunes de mon éducation d'autodidacte se sont de la

sorte renforcées et approfondies, et mes déficiences se sont étendues à tous les domaines. Je suis peut-être injuste en chargeant les bouquins de tous mes péchés, et de tous mes échecs, alors qu'ils n'étaient que les instruments de ma volonté de fuir, qui se manifestait d'ailleurs sur d'autres scènes. Non seulement je ne sais pas même fumer, mais malgré plusieurs essais malheureux je n'ai jamais été capable d'aller à bicyclette, encore moins de conduire une moto ou une voiture. Quand nous étions adolescents, mon frère et ma sœur ont suivi un temps des cours de danse, et je me suis bien gardé de m'associer à cette tentative, me privant par là du moyen le plus sûr, le plus pratique et le mieux admis dans le monde pour prendre contact avec le beau sexe.

Dans le même ordre d'idées, j'ai fréquenté très rarement les théâtres, concerts et music-halls. Pour le cinéma, cette université populaire du monde moderne, c'est encore bien pis. Depuis que j'ai abandonné la robe prétexte, c'est tout juste si j'ai visité une fois par lustre ces établissements où se pressent mes contemporains. Outre les flots de culture que j'ai ainsi laissé échapper de gaieté de cœur, j'ai négligé une des méthodes les plus commodes et les plus efficaces pour parfaire mon éducation sentimentale. Car le cinéma, il faut lui laisser cela, se consacre avec une intensité toujours croissante à la diffusion et à l'apologie des choses sexuelles. C'est un véritable apostolat. Les cantharides et autres aphrodisiaques connus de l'Antiquité ne pouvaient se comparer, ni pour le rayonnement ni pour le résultat, avec la propagande effrénée du film en faveur de ce qu'on nomme vulgairement l'amour. L'obscurité chaude et moite de ses salles, la promiscuité complice de ses sièges, tout conspire à faire du cinéma un temple dédié à Vénus, à faciliter la mise en pratique des leçons si brillamment projetées sur l'écran. On se demande comment nos ancêtres, ignorant le premier mot de cette science que nos enfants de douze ans possèdent déjà à fond, sont quand même parvenus à œuvrer pour la postérité. On comprend aussi pourquoi, de nos jours, la population du globe s'accroît de façon si désordonnée.

On m'aura, j'imagine, déjà trouvé extravagant. On n'aura pas manqué non plus de me reprocher de voir systématiquement les choses par le petit bout de ma lorgnette. J'entends ici murmurer : un auteur désireux de toucher de près ou de loin aux idées ne devrait-il pas plutôt préluder par une théorie de la connaissance ? Platon, Aristote, Saint Thomas d'Aquin, Leibniz, Kant, tous les penseurs sérieux en ont une. D'où viennent les idées, quelle est leur généalogie, leur histoire, comment se faufilent-elles à travers les choses et les gens ? Sont-elles innées, ou découlent-elles des sens ? Le monde est-il une réalité, ou le produit de notre imagination ? La poule a-t-elle été créée avant l'œuf, ou vice versa ? Pourquoi l'existence ne se débite-t-elle pas dans les garages, mais seulement l'essence ? Si vous n'avez pas de réponse à ces questions primordiales, ne vous mêlez pas de tripoter les idées.

En guise de théorie de la connaissance, je vais vous raconter une petite histoire ; j'espère seulement qu'un autre ne vous en aura pas régalé avant moi. Un monsieur se promène la nuit dans une rue déserte, et voit un gosse examinant chaque pouce de terrain dans les environs d'un réverbère. Le gamin a perdu une pièce de deux sous. Le monsieur obligeant l'aide à chercher, et demande finalement : « Es-tu bien sûr d'avoir laissé tomber la pièce ici ? – Non, répond le gamin, c'était là-bas, mais j'ai pensé que j'avais plus de chances de la trouver ici, puisqu'il fait plus clair. »

Pour vous éviter l'effort de tirer la conclusion, je puis vous soumettre un petit choix : Ce qui n'est pas clair n'est pas français, par exemple la métaphysique… Les idées les plus obscures ne sont pas toujours les plus profondes… La pensée est l'art d'échapper à la vie…

Mon ami Riccardo m'avait une fois comparé à Rousseau, et je m'en étais trouvé flatté, même si dans ce compliment l'amitié avait certainement plus de part que le jugement. Je devrais au contraire me sentir honteux et humilié de n'avoir rien su faire de mon existence, et cela malgré quelques dons et de la persévérance. Je pense que mon ami, qui ne connaissait guère mes écrits, restés inédits ou même secrets, avait surtout en vue quelque similitude de caractère et d'attitude générale envers la vie. Sous cet aspect où je risque moins de paraître outrecuidant, on pourrait en effet constater quelques lointaines ressemblances. J'ai, comme Jean-Jacques, cette sensualité plus intellectuelle que physique, cet amour de la solitude allié à un grand besoin d'affection, cette sauvagerie qui n'exclut pas le désir contradictoire d'être quand même choyé et apprécié. Comme lui, je n'ai jamais eu beaucoup de succès auprès des femmes, ma timidité morbide, mon manque absolu de prestance et d'aplomb ayant toujours été un obstacle insurmontable. J'ai aimé, comme Rousseau, la nature vierge et romantique, et quand je me suis trouvé en ces lieux bénis du ciel où le Léman baigne les rives de Vevey, Clarens et Montreux, je me suis senti dans la patrie de mon âme. Mais je crois surtout me trouver une parenté spirituelle avec le Citoyen de Genève en ce que je ne crains pas de me contredire. Les imbéciles seuls ne changent jamais d'opinion, et Rousseau, ce grand remueur d'idées, a largement usé et abusé de ce droit. « Tout est bien sortant des mains de l'Auteur des choses, tout dégénère entre les mains des hommes », a-t-il écrit en tête de son traité sur l'éducation, comme s'il était possible d'imaginer une méthode quelconque d'élever les hommes qui ne les rendît pas plus égoïstes, plus arrogants et plus agressifs. Le père du romancier Palacio Valdés était doux et pacifique, mais il devenait furieux dès qu'on émettait la prétention de rendre les hommes meilleurs. Nous laisserons le monde aussi bête et aussi méchant que nous l'avons trouvé, comme disait le grand antagoniste de Rousseau.

Évidemment, l'éducation que l'homme se donne lui-même, celle qui lui est imposée par la force des choses, l'expérience, les malheurs, les déboires, est bien préférable à celle que peut lui inculquer un maître d'école, presque toujours autoritaire et sûr de lui par déformation professionnelle. Mais même cette éducation naturelle n'a qu'une valeur très relative. L'homme a une malheureuse tendance à s'estimer supérieur non seulement aux personnes de son entourage dont la suprématie intellectuelle ne crève pas les yeux, mais aussi à ce qu'il était lui-même dans le temps. L'adolescent enveloppe dans le même mépris les enfants et les vieux, l'homme fait n'a que pitié pour les tâtonnements et les erreurs du jouvenceau, et le vieillard, tout conscient qu'il est que sa mémoire flanche et que son imagination dépérit, se figure être devenu plus sage et plus judicieux. Sans doute est-ce là compensation naturelle et nécessaire à la commune infortune d'être. Pour supporter la vie, l'homme doit ressentir à l'endroit de sa propre personne amour et estime, même si ces sentiments ne sont pas bien justifiés.

Quand je considère tous ceux qu'il m'est arrivé de connaître de près, quand je m'examine surtout moi-même, bien qu'il soit plus malaisé de s'évaluer sans amour et sans haine que de jauger la valeur d'un autre, il me semble certain que les caractères tendent pour la plupart à empirer avec l'âge. L'économe se mue en avare, le prudent cède à la lâcheté, et la femme dont nous admirions l'assurance et la résolution au printemps de notre amour nous déçoit et finit par nous déplaire en se révélant acariâtre, querelleuse, autoritaire. Bien entendu, il convient de faire la part des changements intervenus chez l'observateur qui n'est probablement pas devenu meilleur, lui non plus. Parce qu'il a maintenant plus mauvais caractère, il supporte d'autant moins chez les autres l'absence de bonté.

Il est remarquable que Rousseau, à l'inverse de la règle générale, soit devenu meilleur avec l'âge. On me répondra peut-être qu'il était devenu fou, ou peu s'en fallait. Mais il est fort possible qu'un grain de folie soit nécessaire à la bonté comme au génie. Qu'on ne se méprenne pas : je n'ai nullement la prétention d'être devenu plus sage ou meilleur avec le temps. Les années ont peut-être estompé çà et là quelques ombres, arrondi quelques angles, et certains vices m'ont quitté parce qu'ils ne trouvaient plus chez moi un bouillon de culture suffisant. Mais en me considérant sans complaisance tel que je suis à présent, je n'ai guère lieu de me féliciter de mes progrès moraux, et je ne défends à personne de dire : « Je fus meilleur que cet homme-là. »

Quand j'étais jeune, j'avais un caractère bouillant, effréné, impétueux, et j'étais sujet à des colères irrépressibles. J'avais peut-être huit ou neuf ans quand il m'est arrivé de frapper ma mère dans une crise de rage, alors que je ressentais toujours pour elle un amour plein de respect, mêlé à une crainte presque superstitieuse de la perdre. J'ai totalement oublié le motif de mon égarement, mais le souvenir de ma honte est resté brûlant et indélébile, et je pourrais encore décrire en détail la scène de l'action : une station du métro.

Bien des années plus tard, j'étais déjà ce qu'on appelle un homme – je devais avoir entre vingt et vingt-cinq ans – et je me suis de nouveau laissé emporter par un accès de colère folle, là encore pour une raison dont ma mémoire n'a rien retenu. J'étais dans une telle fureur que, pour tranquilliser mes nerfs, je flanquai un grand coup de pied dans la porte d'un placard, qui vola en éclats. Il y avait pourtant progrès, car cette fois-là un objet inanimé était la victime de ma rage, et, tout honteux que je fusse d'avoir perdu la maîtrise de moi-même, je trouvai la chose, à tête reposée, plus ridicule que scandaleuse.

Depuis lors, je n'ai plus enregistré de méfaits analogues, mais je n'ai pas lieu d'en être fier, car ce n'est pas mon mérite si le sang, après tant d'années, bouillonne moins tumultueusement dans mes veines. La sagesse et la raison n'ont rien à voir avec cette amélioration, si c'en est une.

Oui, il est plus facile et surtout plus agréable de juger les autres que soi-même. Et pourtant, comment voir clair dans les intentions d'autrui quand nous avons déjà tant de peine à démêler les nôtres. « Connais-toi toi-même », disait le sage. Il avait beau parler. L'homme qui se connaîtrait complètement lui-même saurait tous les secrets de l'Univers, l'âme et le cœur n'auraient plus de mystères pour lui, il serait comme les dieux, sachant le bien et le mal.

Peut-être sommes-nous tous des génies, jusqu'à un certain point. En tout cas ne le sommes-nous que par intermittence. Les véritables génies, ceux qui figurent même dans le Petit Larousse, se distinguent surtout par leur esprit de suite. Peut-être aussi, suggérons-le pour nous réconforter, ne parviennent-ils à leurs fins que « si les circonstances les favorisent ». Reconnaissons pourtant qu'ils ont plus de détermination, de patience, qu'ils sont plus sûrs de leur mission. Nos velléités vacillantes sont chez eux des volontés fermes, ils ne se laissent pas rebuter par les obstacles et ont expérimenté tous les trucs. Ainsi, au lieu de continuer à vendre des sous-vêtements et à sarcler un jardin, ils écrivent l'*Iliade* ou franchissent le Rubicon. Mais ils ont eux aussi leurs moments de distraction ; le bon Homère somnole assez souvent et le grand Cervantes s'oublie parfois. Bref, ils sont plus forts que nous, convenons-en sans amertume, quoique peut-être pas autant qu'on se l'imagine.

C'est pendant l'enfance que la génialité se manifeste le mieux, et le grand homme est sans doute celui qui parvient à rester jeune à travers les vicissitudes et les déceptions de la maturité. Rester enfant, ce n'est pas si facile qu'on le pense. Bien des gens n'ont jamais été jeunes, et le problème pour eux s'est trouvé d'emblée résolu. Ceux-là je les plains ; mais je cherche surtout à les éviter. Car à l'heure où les derniers cheveux gris finissent de me quitter, je n'arrive guère à me féliciter que d'une chose : être resté gosse plus tard qu'il n'est d'usage. Cela m'a vacciné contre la maladie du sérieux, m'a permis souvent de placer les choses à la bonne distance, faute de pouvoir agir sur elles. Enfin, ce « retard » providentiel m'a procuré l'avantage d'ignorer plus longtemps l'étendue de la bêtise et de la méchanceté du monde.

J'en viendrais presque à me demander si je suis aussi raté que je me l'imagine dans mes moments de dépression et de clairvoyance. La vanité, décidément, est une vertu retorse. Je m'aperçois, à me relire, que je ne suis pas loin de me féliciter d'être ce raté que je prétends être, et qui réussit l'exploit de tirer avantageux parti de ses insuffisances mêmes. Je n'ai jamais rencontré la fortune, j'ai manqué ma carrière de commerçant, métier si peu en rapport avec mes aspirations et mes capacités. Je n'ai jamais eu de succès auprès des femmes, pas même auprès de la mienne, et je n'ai guère su profiter des rares chances qui se sont présentées à moi par ailleurs. Je n'ai pas acquis la moindre réputation, ni comme écrivain, ni comme peintre, n'ayant jamais su m'imposer ni dépasser l'étiage de la médiocrité. Et me voilà assez satisfait de ce désastre, sous le prétexte que je m'entends à en saupoudrer la banalité d'un peu de sel, à défaut de vraie sagesse. A celui qui a tout manqué reste en effet cette planche de salut : se dire, non sans raison peut-être, qu'une vie marquée par la réussite n'est pas forcément une vie réussie. Autant avouer tout de suite que la leçon de mes échecs risque de ne pas porter les fruits que j'avais d'abord annoncés.

REMOUS

S'apitoyer sur son sort est une attitude égoïste, avilissante et quelque peu ridicule. L'homme qui n'a pas réussi à développer ses aptitudes, à donner l'essor à ses aspirations, à se créer une position où ses talents s'affirmeraient au grand jour et lui vaudraient honneur et profit ne peut s'en prendre qu'à lui-même. Il est cependant permis de tenir compte de la conjoncture, du terrain plus ou moins propice sur lequel le destin vous a laissé choir. Un individu paisible et veule, venu au monde dans une période de troubles et de calamités, a le droit d'invoquer les circonstances atténuantes.

J'ai un peu honte de me présenter comme une victime des guerres, alors que des millions de mes contemporains l'ont été de façon plus tragique et plus digne, en laissant sur les champs de bataille, dans les tranchées ou sous les bombes une vie à peine entamée. Et pourtant mon excuse n'est pas sans valeur. Nous avons dû quitter Paris en 1914, laissant derrière nous l'entreprise fondée par mon père et tout ce que nous possédions. Nous avons appris plus tard que nous n'étions pas allemands, mais apatrides, mon père ayant renoncé à sa nationalité d'origine sans en acquérir une autre. Ma mère l'ignorait et n'a pas songé, dans le désarroi où nous nous trouvions, à s'en prévaloir pour essayer de sauver la situation. Ainsi nos biens en France ont-ils été mis sous séquestre – et nous avons tout perdu, comme on dit.

J'avais quinze ans au moment où nous dûmes recommencer à zéro, et je fus obligé, pour contribuer à nourrir notre famille, de m'atteler à une carrière commerciale qui m'était déjà bien peu sympathique. Tel fut le début d'une existence bizarrement dédoublée, au long de laquelle je me suis toujours efforcé de compenser l'ennui d'un travail décevant en me livrant à des activités accessoires, littéraires ou artistiques, dont je n'attendais ni gloire ni revenus, mais qui m'étaient indispensables pour combler le vide de mon âme. Certes, j'aurais pu, comme tant d'autres, mener en marge de mes occupations de commerce des études universitaires. Mais l'idée ne m'en est même pas venue : notre situation financière était trop modeste pour me permettre de cultiver de tels rêves. Peut-être aussi, venant de France, ne me sentais-je pas tellement attiré par le prestige du doctorat. Dans les pays de langue allemande, s'entendre donner du Herr Doktor vous pose à tout jamais aux yeux du monde. On ne jouit pas seulement d'un titre envié, on bénéficie de facilités interdites au commun des mortels : à capacités égales, on se voit accorder la préférence dès qu'un emploi en vue est à pourvoir, on est plus considéré, mieux rétribué. Votre épouse elle-même reçoit du Frau Doktor, et dans les magasins où elle est connue, elle est servie avec plus d'empressement. Mais j'ignorais bien sûr tout cela à l'heure où j'étais supposé choisir ma voie.

Les hasards de l'exil nous avaient fait échouer en Suisse allemande, où je me suis senti longtemps désorienté, incapable de m'acclimater, jusqu'à ce que la montagne fasse de moi, à force de marches en compagnie d'autres amis des cimes, un citoyen à peu près acceptable – à la nationalité près. Le Zurichois possède d'excellentes qualités, mais il est froid, réservé, peu liant avec l'étranger, et il est difficile, voire impossible, d'accéder à son intimité. Il peut toutefois faire des exceptions en faveur de ceux qu'il rencontre sur les pentes des Alpes. Il aime la montagne, il en est même assez fier, un peu comme s'il l'avait fabriquée lui-même. Quand on partage son goût pour elle, on s'est rapproché de son cœur. Bien entendu, son respect va d'abord à l'étranger cossu, de préférence anglais ou américain, qui aime à monter sur ses hauts sommets et à descendre dans ses grands hôtels. Mais il garde encore de la sympathie pour le modeste marcheur sans luxe et sans guide, quand il le trouve loin des chemins battus, et consent même à le saluer et à échanger quelques mots avec lui. C'est pourquoi les camarades qu'il m'est arrivé de me faire, non sans peine, parmi les autochtones, étaient tous plus ou moins montagnards. Toutefois, entre seize et trente ans, dans ces années décisives où le corps et l'esprit sont censés prendre leur essor, mon caractère farouche et peu entreprenant m'empêcha de nouer les amitiés auxquelles j'aspirais, et il m'est arrivé bien souvent de me sentir terriblement seul.

Cette malheureuse situation n'a pas été sans présenter quelques avantages. Je suis ainsi resté français de cœur et d'esprit, quoique ayant coulé le plus clair de mes années en terre de langue allemande. Fussé-je resté en France, ma formation spirituelle ou morale en eût été changée, et je serais peut-être parvenu à me créer une situation selon mon goût. Ma vie sentimentale aurait suivi un tout autre cours, et mon caractère s'en serait agréablement ressenti. Mais je n'aurais sans doute pas cultivé la langue française comme j'ai fait : avec la patience et l'ardeur d'un jardinier attentif aux moindres nuances de ses fleurs, et qui s'enchante des simples merveilles d'un art pratiqué pour soi seul, loin des regards indiscrets, au rythme paisible de l'usage quotidien.

La timidité, surtout, favorisait ces dons d'horticulteur solitaire : cette timidité que rien ne pouvait vaincre. Tout jeune, je m'étais procuré un petit livre du plus grand intérêt pratique : *La Timidité vaincue*, qui réglait l'affaire en vingt ou trente leçons. En dépit de son titre modeste, ce livre était une véritable encyclopédie portative. Il touchait, sans les approfondir de façon exagérée, toutes les branches de la connaissance et de l'activité humaines. Il démontrait de façon péremptoire que tout homme normalement constitué devait pouvoir surmonter ses tendances maladives à l'inhibition, ce qu'on appelle de nos jours plus scientifiquement ses complexes d'infériorité. Il suffisait d'un peu de volonté… J'ai lu ce livre, je l'ai étudié à fond, et bien que l'aveu m'en soit pénible, je dois reconnaître qu'il ne m'a servi à rien. Aujourd'hui encore, alors que j'ai atteint et, hélas, largement dépassé l'âge de raison, je n'ai pas plus d'aplomb et d'assurance que lorsque je portais un col marin et que mes pieds, quand j'étais assis, essayaient en vain de toucher le sol.

Pour me tranquilliser, j'ai parfois argué du fait que, victime des convulsions de l'époque, exilé ma vie durant, je me suis toujours trouvé étranger à mon entourage et je n'ai pu prendre racine nulle part. Né à Paris sur Seine, où j'ai sucé avec le lait maternel l'amour de la langue, de la mesure et de la clarté françaises, j'ai dû faire mon chemin en compagnie d'aborigènes dont le parler tudesque est impénétrable à ceux-là mêmes qui se piquent d'entendre l'allemand. On peut croire que ma timidité s'en est encore accrue, alors qu'un autre climat m'aurait permis d'en venir à bout.

Et pourtant, en y réfléchissant bien, ces excellentes raisons fondent comme neige au soleil. La timidité n'est pas une de ces affections adventices qui tombent sur vous à l'improviste, comme une colique ou un rhume de cerveau, et qui disparaissent aussi vite qu'elles étaient venues, ignominieusement chassées par un sirop ou des pastilles. Non, la mort seule peut vous en débarrasser. Et le milieu, favorable ou non, n'y change rien. Je connais d'autres métèques de mon espèce pour qui le schibboleth suisse-allemand reste un mystère et qui, transplantés dans le même terreau ingrat, prospèrent de belle façon, révélant un naturel sociable, entreprenant, décontracté. Ce n'est pas affaire de volonté, comme disait le brave petit bouquin, c'est affaire de caractère, ce qui n'est pas exactement la même chose.

Je visite régulièrement les bains de Baden, déjà fréquentés par Montaigne. A l'établissement municipal, l'affluence n'est en général pas excessive, et le service d'ordre est abandonné aux clients. Chaque nouvel arrivant prend mentalement note des personnes présentes et les laisse courtoisement passer devant lui en attendant son tour. Un jour que les lieux étaient presque vides, j'en profitai pour aller d'abord satisfaire un petit besoin. A mon retour, une foule se pressait au guichet. Les nouveaux venus auraient dû mieux observer et noter que j'étais là avant eux, mais ils pouvaient aussi sans malice penser le contraire. Quoi qu'il en soit, quand je voulus prendre mon tour, un autre passa devant moi d'un air si décidé que je me suis gardé d'insister. D'autres suivirent son exemple, et après quelques essais infructueux je dus renoncer à mon bon droit et laisser tous mes successeurs me précéder. J'attendais toujours quand la buraliste, ayant remarqué le manège, intervint d'autorité en ma faveur, tout en m'admonestant de savoir si mal me défendre. Victime d'un malentendu, je trouvais encore le moyen de me voir offrir un reproche et une vexation.

Cet épisode d'une insignifiance rare montre assez combien le barbon que je suis devenu possède, malgré le lustre de son âge, le talent de se faire marcher sur les pieds. Aujourd'hui encore, j'évite comme la peste les établissements où il faut jouer des coudes pour être servi. Je préfère fréquenter les lieux moins achalandés, où il n'est pas besoin de trop batailler pour se faire entendre.

La confrérie des timides, dont j'ai le dangereux honneur de faire partie, se situe au plus bas échelon de la catégorie des pacifiques. Nous savons que les hommes sont en général méchants, rapaces, durs, égoïstes – sans oublier pour cela d'être lâches, heureux qu'ils sont toujours de trouver sur leur route un être plus frêle et plus craintif qu'eux, dont ils pourront faire leur souffre-douleur. Les timides sont plus conscients de cet état de choses, ils ont la peau plus fine, des antennes plus sensibles. Ils ne redoutent pas seulement la lutte, il sont désireux d'éviter tout frottement avec leurs congénères tant qu'ils ne les ont pas trouvés supportables c'est-à-dire à peu près humains.

Il est donc inutile de rechercher plus loin les causes de mon insuccès spectaculaire dans toutes les compétitions de la vie.

Le timide est, par définition, l'homme qui n'arrive à rien. Il est méprisé des femmes, et je dois énoncer ici cette vérité fondamentale, sur laquelle je serai d'ailleurs obligé de revenir : l'homme qui n'a pas de succès auprès des femmes n'a pas de succès dans la vie. Ce sont les femmes qui distribuent non seulement ce qu'on appelle poétiquement le bonheur, mais toutes les grandes et petites réussites de l'existence, depuis les places de garçon de courses jusqu'aux fauteuils de l'Académie. Comme de juste, elles dédaignent l'amoureux transi, la timidité étant à leurs yeux un aveu d'impuissance. Le timide ne rencontre que de loin en loin une femme qui prenne pitié de lui, et il est obligé d'accepter ce qu'il trouve et de se cramponner à ses rares bonnes fortunes. Ne pouvant pas faire son choix parmi mille et trois beautés, comme Don Juan, il ne manquera pas, s'il se marie, de tomber sur une aimable mégère qui lui fera regretter d'avoir tenté sa chance, tandis que le Casanova normal pourra peut-être décrocher, si le ciel n'est pas contre lui, une épouse agréable, tendre et sympathique. C'est là une loi naturelle, contre laquelle il serait ridicule de se gendarmer.

Dans la vie économique, le timide devra aussi se contenter des dernières places. Il n'y a, dans la lutte pour l'existence, aucune vertu, aucune aptitude aussi nécessaire que l'aplomb. Il est plus utile que l'intelligence, la force, l'adresse, l'assiduité et que toutes les capacités physiques et spirituelles. L'homme qui se distingue du roi Dagobert en ce qu'il est bien culotté est forcé de réussir, fût-il le dernier des imbéciles, parce que son assurance fait plus d'impression que n'importe quel autre atout. La même loi prévaut pour les professions intellectuelles ou artistiques. Un musicien talentueux s'était adressé dans sa jeunesse à Saint-Saëns pour savoir s'il lui recommandait la carrière musicale. Après l'avoir longuement examiné, le maestro lui déconseilla cette profession, non par manque d'aptitudes, mais parce que le jeune homme ne possédait pas le culot nécessaire pour s'imposer.

Le modestie est un autre vice cardinal, cousin germain de la timidité, mais moins déconsidéré qu'elle. La timidité est une maladie honteuse, qui n'entretient toutefois aucun lien apparent, à ce que l'on assure, avec les aptitudes ou les inaptitudes de la personne qui s'en trouve atteinte. Le timide peut être un homme de valeur ou un abruti, cela ne modifie ni sa conduite, ni le mépris qu'on lui prodigue. La modestie, au contraire, présuppose quelques qualités, sinon elle perdrait sa raison d'être. Le modeste est plus capable qu'il n'a le désir ou le courage de le montrer, peut-être n'est-il pas conscient de ce qu'il vaut. On a fait courir le bruit que la modestie était une vertu, mais personne ne s'est laissé prendre à cet attrape-nigaud. Bien entendu, la modestie est, comme la timidité, un handicap sérieux dans la menée d'une carrière, et l'on ne saurait trop conseiller aux jeunes gens attachés à la réussite de se débarrasser au plus tôt d'une habitude estimée à tort, et qui n'est jamais qu'une dangereuse délicatesse. L'Évangile recommande sans ambages de ne pas mettre sa lumière sous le boisseau. Cette source élevée de morale, dont l'éloge n'est plus à faire, considère également la modestie comme un travers à éviter. La cause est entendue.

On peut dire que la timidité s'apparente aussi au pacifisme, qui est un autre de mes vices de construction. Nous lisons dans les Écritures, au chapitre des Béatitudes : « Bienheureux les pacifiques, car il hériteront la terre. » Malgré tout le respect que je ressens pour ce qui est écrit et surtout imprimé, je n'ai pas encore pu avaler ça. En fait de pacifisme, je ne m'en laisse remontrer par personne, et l'océan portant ce nom de famille n'est pas plus pacifique que moi. Et pourtant, je n'ai rien hérité ou presque, malgré la perte, d'autant plus regrettable, de nombreux parents et collatéraux. A mon avis, le pacifisme comme la timidité est affaire de caractère et de tempérament ; j'ajouterai qu'il ne paie pas plus que le crime.

On aurait tort, en ce qui me concerne, de confondre le pacifisme avec la lâcheté. Je ne suis pas particulièrement timoré, je n'ai pas peur de l'eau, de l'obscurité, des souris ni des crapauds, j'ai souvent entrepris en montagne des ascensions atteignant la limite de mes capacités et les dépassant parfois. Mais il m'est toujours pénible de me disputer avec mes semblables. Du temps où je travaillais chez Maroufle, un patron qui me cherchait constamment noise, je ressentais une terreur panique de ces altercations, et quand l'ouragan d'engueulade se déchaînait sur moi, j'en éprouvais un véritable malaise physique, dont je ne me remettais que lentement. J'étais déjà ainsi à l'âge de l'école : je n'avais pas neuf ans et chaque matin, pour gagner le lycée Voltaire, je faisais un long détour afin d'éviter telle rue de moi bien connue, où des gamins particulièrement agressifs se faisaient un malin plaisir de rosser ma chétive personne, subodorant en elle le pacifiste que j'étais déjà, et que je suis resté. On me dira peut-être : « Vous étiez sans doute moins pacifiste que froussard, plutôt guidé par la crainte d'attraper de mauvais coup que par de beaux idéaux de concorde et de fraternité. » Il se peut, car la distinction entre le pacifisme et la couardise comporte quelques nuances fort subtiles. Mais on me ferait pourtant tort en attribuant à la seule prudence ce qui était aussi amour de la paix et désir de la sérénité d'esprit.

Depuis que des animaux à deux pieds et sans plumes pullulent sur la croûte terrestre, les hommes peuvent, je pense, se classer en deux catégories bien tranchées : les querelleurs et les pacifiques, ou, selon une terminologie plus moderne, la race des seigneurs – ou saigneurs, l'orthographe est douteuse – et celle des esclaves ou travailleurs – ce qui revient à peu près au même. Je m'imagine que les hommes aimant les disputes, la lutte, les discussions acerbes, éprouvent un réel bien-être quand ils peuvent lâcher la bride à leurs instincts batailleurs. Ils se sentent dans leur élément et se lancent d'un cœur joyeux dans la carrière, avec le ferme espoir de distribuer plus de horions qu'ils n'en recevront.

C'est aussi une question de vocabulaire. Quand on a plaisir à se battre, comme le bouillant Achille ou le preux Roland, on appelle ce prurit courage, intrépidité, valeur, héroïsme. L'on dédaigne profondément ceux qui cherchent plutôt à éviter l'affrontement, et on les méprise plus encore si ces capons se trouvent être par-dessus le marché de médiocre carrure. De la même façon, les hommes qui s'avouent mal à l'aise dans la bagarre, ou chez qui le plaisir de donner des coups est plus que compensé par la crainte d'en recevoir, ont trouvé des formules d'une admirable noblesse pour désigner ce sentiment que d'aucuns seraient fondés à trouver terre à terre : à les entendre, ne les gouvernent que l'amour du genre humain, le pacifisme le mieux éthéré, le pur souci de l'entente et de l'amitié entre les êtres. En 1918, les Allemands tentèrent de semer la panique dans Paris à l'aide d'un canon à longue portée qui distribuait ses obus à l'aveuglette. Une dame qui connaissait Clemenceau lui demanda s'il lui conseillait de partir. Le Tigre lui répondit par cette phrase sibylline : « Les capons s'en vont, et les imbéciles restent. »

Il faut toutefois le reconnaître, la vaillance et l'héroïsme, qualités positives et viriles, ont toujours eu une meilleure presse, plus de succès auprès des hommes, et à plus forte raison auprès des femmes. La chose est patente, chez les cerfs et les taureaux comme parmi les êtres humains. Pour réussir dans la vie, il est bon d'être batailleur, agressif et un peu brutal, et ceux qui ne possèdent pas ces vertus, au sens latin du mot, sont vaincus d'avance. L'existence est ainsi faite, chers collègues pacifistes, et ceux qui n'aiment pas se battre sont prédestinés à être battus. Le monde étant surtout gouverné par les mâles, ce sont les femmes qui, par un juste retour, déterminent la valeur marchande des qualités et des sentiments ; ce sont elles encore qui graduent l'échelle des vertus et des vices. Quand le monde sera régi par les femmes, ce qui ne saurait tarder au train où vont les choses, ces modes d'appréciation seront bouleversés, et le pacifisme, jugé d'un point de vue moins exclusivement féminin, sera peut-être de nouveau à la mode. Mais jusque-là, mes chers frères, nous devons nous contenter de la portion congrue et accepter de passer pour des hommes sans valeur, c'est-à-dire sans vaillance, malgré l'élévation et la noblesse de nos sentiments. De nos jours, pour être pacifique sans vergogne, il faudrait n'être ni militaire, ni sous le joug du mariage ou d'une liaison similaire, et c'est là une chance qui n'échoit qu'à une faible minorité.

Qu'on daigne ici me laisser montrer que si je suis à ce point pacifique, ce n'est pas seulement par égoïsme et pour mon seul confort. Les chiens sont, comme nul ne l'ignore, des animaux pleins de mordant qui ne le cèdent en rien, pour l'esprit querelleur et le goût d'en découdre, aux chevaliers de la Table Ronde. Un de mes amis, grand observateur des chiens et des hommes, prétendait que les membres de la race canine tiennent avant tout à mesurer leurs forces avec celles de leurs congénères. La chose étant une fois décidée par un combat singulier, ils ne recherchent plus la lutte qu'avec d'autres chiens dont la valeur combative ne leur est pas encore connue. Ils se montreraient par là, soit dit entre parenthèses, plus raisonnables que les hommes qui n'acceptent jamais comme définitif le jugement de Dieu par les armes et continuent à se battre pendant des générations jusqu'à l'épuisement complet. Observons le comportement des hommes dès qu'il leur est donné de voir ce spectacle de deux braves chiens se montrant les crocs : les esprits énergiques ne manquent jamais de les exciter à leur affaire par des kss-kss bien sentis, tandis que les amis de la paix tenteront plutôt de les séparer, souvent à leurs risques et périls. Cette dernière attitude me paraît être la pierre de touche du pacifisme véritable. Si le refus des conflits est susceptible d'être mal interprété par les âmes héroïques, le geste accompli sans prudence pour ramener la concorde ne saurait être imputé à la couardise ou à un amour exclusif de la tranquillité.

J'ai moi-même trop souvent donné dans ce pacifisme donquichottesque pour n'en point toucher ici quelques mots, et mettre en garde l'innocent lecteur contre ses suites désastreuses. Il est dans la nature humaine d'avoir plaisir à contempler une dispute. Au risque de passer pour anormal, j'avouerai que cette joie m'est inconnue. Il me répugne d'assister à une altercation quelconque, fût-ce en simple spectateur ne courant pas le risque d'attraper par mégarde un mauvais coup. Dans le même ordre d'idées, la vue d'un ivrogne chantant et titubant ne me remplit pas d'allégresse et je cherche plutôt à m'en détourner, tandis que le passant honnêtement constitué, le sourire aux lèvres et les yeux allumés, se félicite de se voir offrir pour rien ce spectacle qui à Sparte, paraît-il, était utilisé pour l'éducation de la jeunesse. Je me rappelle aussi qu'étant petit, on m'emmenait parfois au cirque Médrano, où les clowns Footit et Chocolat me transportaient d'aise par leurs facéties, mais où les exercices dangereux des athlètes me remplissaient de terreur : je craignais toujours de devoir assister à un accident, et cela suffisait à gâcher ma joie. Curieusement, ces expériences ne m'ont jamais empêché de proposer mes services à des gens en querelle, et ce jusqu'à un âge où l'on se garde d'ordinaire de se mêler aux démêlés d'autrui.

Tenter de raccommoder mari et femme est une entreprise délicate, et je ne la recommanderai à personne. En essayant de tenir la balance égale entre les deux, l'on risque fort de mécontenter tout le monde, et l'on devra s'estimer heureux de ne se voir point accusé, pour finir, d'être la cause de la dispute. Remettre d'accord deux frères – je m'y suis essayé plusieurs fois – n'est pas une meilleure affaire : les deux parties se connaissent à fond, et chacun s'emploie à vous faire comprendre que votre jugement est mal informé. Pour bien faire, il faudrait mentir à l'un comme à l'autre, au risque de voir le vainqueur de la joute, fort de son bon droit reconnu, abuser bientôt de la situation et vous rendre complice d'une nouvelle injustice.

Mais ma déconfiture dans le métier de mari m'a encore mieux prouvé les inconvénients du pacifisme. Le mariage est avec la guerre la seule branche de l'activité humaine où le refus de recourir aux armes soit absolument déplacé. Les femmes aiment les hommes hardis, courageux, entreprenants, et une pointe de brutalité n'est pas pour leur déplaire. Mon épouse avait pour mon malheur une admirable fermeté d'âme, une énergie à toute épreuve, et se trouvait en chaque occasion convaincue de son bon droit. Il m'eût fallu la volonté et les nerfs d'un général en campagne pour m'affronter à elle et me faire agréer, sinon respecter. Ma qualité de pacifiste, on le verra plus loin, m'interdisait ce recours : et me voilà encore, après tant d'années, à m'en mordre les doigts.

Vous connaissez sans doute la vie de Schliemann, l'homme qui a réinventé Homère. Se sentant dès sa jeunesse la vocation d'un fouilleur de ruines, et comme il n'avait pas un sou vaillant, il s'appliqua très tôt à travailler jour et nuit, jusqu'à se trouver en quelques années à la tête d'une petite fortune. Dès qu'il estima avoir amassé ce qu'il lui fallait, il arrêta net sa ruée vers l'or, consacra désormais aux fouilles de Troie et de Mycènes les sommes qu'il avait accumulées, et fut bientôt en mesure de prouver que les Atrides et la guerre de Troie n'étaient pas l'invention d'un poète. Pour mener sa tâche à bien, il ne demanda ni subvention ni aide, il utilisa simplement l'argent qu'il avait gagné par un travail fastidieux accompli des années durant dans ce seul but. J'ai toujours admiré cette vie rectiligne, et l'idéalisme têtu qui permit à Schliemann de gagner une fortune sans se laisser corrompre par elle. Je l'admire d'autant plus que je serais incapable d'en faire autant. J'aurais achoppé dès la première étape, n'ayant jamais su produire d'or par mon labeur, en dépit d'ancêtres juifs dont c'était paraît-il la spécialité. Appuyé sur une foule de bons auteurs, je me suis consolé en pensant que le manque de biens ne fait pas la pauvreté, laquelle est seulement le désir de posséder plus qu'on a. Augmenter sa fortune n'est pas chose facile quand on n'en ressent pas le prurit. Cela implique une lutte continuelle menée contre les rivaux, les concurrents, les envieux, le fisc et autres parasites. Alors qu'il est toujours aisé de réduire sa dépense sans mourir de faim ni vivre pour cela dans un taudis, car nous sacrifions beaucoup à la vanité et aux apparences.

Cette médaille a son revers. En restant volontairement ou non dans une honnête médiocrité, je me suis interdit l'exercice de la générosité, cette vertu si généralement appréciée, surtout par ceux qui en profitent. En faisant mon examen de conscience, je me demande si je n'ai pas péché surtout par une absence de libéralité confinant à la ladrerie. Nous avions dû si longtemps tirer le diable par la queue qu'il m'est devenu difficile de perdre cette déplorable habitude ; ainsi m'arrive-t-il encore d'éviter de prendre un taxi quand il le faudrait, comme si ce luxe n'était permis qu'aux millionnaires. C'est surtout dans ma conduite envers les femmes que ce vice a pu me jouer de vilains tours. J'ai toujours eu plaisir, il est vrai, à faire des présents aux rares dulcinées qui ont agrémenté mon existence. Mais je n'ai jamais eu ce geste superbe du grand seigneur qui jette l'argent par la fenêtre, sans réfléchir et sans compter. Et c'est précisément cette largesse qui nous vaut la considération du beau sexe. Le don normal et raisonnable est accepté comme allant de soi, seule la prodigalité sans bornes se remarque et s'impose. Ainsi le garçon de café empoche dédaigneusement les pourboires habituels et ne se montre-t-il heureux et reconnaissant que si la bonne main sort de l'ordinaire.

Je pourrais forcer ma mémoire et creuser ma vie jusqu'au tuf sans trouver d'histoire aussi humiliante que celle du ruban volé par Rousseau, ou celle de sa joie, plus vilaine encore, de pouvoir hériter des effets de son collègue chez Madame de Warens. Mais je ne me souviens pas sans honte d'avoir laissé une femme payer le jeune homme du pays qui était venu à son aide lors d'une course en montagne que nous avions entreprise ensemble. C'était au Gitschen, dans les Alpes d'Uri, et je sens encore à ce souvenir la rougeur me monter au front, après trente ans et plus. Je garde la pénible impression d'avoir été un mufle, même si mes rapports avec cette dame étaient de stricte camaraderie, même si elle fut seule à réclamer de l'assistance et à en profiter.

Plus tard, dans mes rapports avec mon épouse, j'aurais pu éviter bien des frottements en me montrant plus large, en manifestant mon affection par des cadeaux dépassant mes moyens. Mais j'ai toujours été raisonnable, et les femmes veulent être aimées jusqu'à la folie, inclusivement.

Encore maintenant, alors que mes moyens dépassent de loin mes besoins, restreints par force, et que je pourrais me payer mainte fantaisie, je constate avec mélancolie que je n'ai, au fond, aucun plaisir à dépenser de l'argent. Mais je ne tiens pas non plus à le garder par-devers moi : la possession ni le gain ne me procurent la moindre joie. Je ne sais si c'est l'atavisme ou le résultat d'une vie qui s'est écoulée en marge de l'opulence, mais j'éprouve plus de satisfaction à acheter pour cent sous une marchandise valant dix francs qu'à réussir par quelque coup un peu risqué un bénéfice, même royal, sur une forte somme. Ainsi je puis aisément passer pour un grigou aux yeux des gens qui me connaissent mal ; et c'est d'autant plus sot que je n'ignore point ce qu'une telle attitude peut avoir de déplaisant aux yeux de ceux qui savent vivre. Les hommes aiment, admirent et respectent celui qui sait se montrer large, généreux, et même un peu prodigue à l'occasion, celui qui dépense sans compter – même si l'argent ne lui appartient pas. Et les femmes, de la fille à soldats à la bourgeoise entretenue, ne connaissent pas de preuve d'amour plus claire et plus convaincante que celle de la main déliant les cordons de l'escarcelle.

Que l'argent ne fasse pas le bonheur, voilà une vérité morale incontestable. Une vérité, pourtant, dont je n'ai jamais vu personne tenir compte. Chacun la cite, elle est censée servir de consolation aux pauvres, d'avertissement aux riches, de palliatif aux médiocres, mais nul ne se hasarde à conformer sa conduite à une si sage évidence. On citera pour faire bonne mesure le cas du millionnaire cacochyme dont l'estomac délabré ne supporte plus les grands crus, celui du clochard insoucieux qui peut s'offrir le luxe de faire le pont tous les jours de l'année : cela fait plaisir à chacun et ne convainc personne.

Si vous n'avez jamais assisté à la distribution de la pâtée dans une porcherie, je vous engage à combler cette lacune au plus vite ; le spectacle est d'un grand enseignement. Dès qu'ils voient arriver la mangeaille, les cochons qui jusque-là se tenaient sages et tranquilles sont pris de frénésie. Ils se bousculent, se poussent du groin et se ruent vers leur pitance avec des hurlements qui n'ont plus rien d'humain, si je puis m'exprimer ainsi. Or c'est à cet instant justement qu'ils se conduisent comme font les hommes : impatients d'occuper la place stratégique qui leur permettra de s'emplir à l'aise, de dérober le meilleur morceau à l'appétit du voisin. Il n'est pour s'en persuader que de se rendre à la Bourse un jour de houle : ruée, bousculades, hurlements animaux, rien n'y manque. Encore les porcs ont-ils pour eux de pouvoir invoquer la sentence jésuitique selon quoi « la faim justifie les moyens », tandis que les hommes ne sont en général poussés à se conduire comme des cochons que par l'effet de la vacuité de leur cervelle, non par celui d'un estomac creux.

Il n'y aurait que demi-mal si cette ruée vers l'or n'était déclenchée qu'à de rares moments d'exaspération, à la vue par exemple de trésors soudain offerts en pâture : à la Bourse, au casino ou au Klondyke. Mais l'étonnant est que cette transformation des hommes en pourceaux soit un phénomène si naturel et si constant. Tous les jours, à la moindre occasion, à n'importe quelle heure, l'on peut voir des hommes se livrer en public à cent propos, mille gesticulations qui ne clament rien d'autre que ce besoin éperdu d'acquérir, comme une soif que rien ne pourrait étancher. Je ne parle pas des pauvres, chez qui ce désir est trop naturel. Mais la démangeaison semble s'accroître avec la richesse, telle une gale obligeant à se gratter toujours plus fort. Gagner de l'argent pour le dépenser semble être une opération normale et légitime ; chez ceux qui y sont prédisposés, toutefois, la frontière est vite franchie qui sépare la saine gestion de la franche pathologie. Il s'avère en effet que, très vite, on ne court plus après la fortune que pour satisfaire à la vanité. L'aisance apporte des avantages qu'il serait malséant de contester : on est bien logé, bien nourri, bien habillé ; on peut faire plaisir aux dames qui vous en font ; on peut se payer tous les biens utiles, superflus ou nuisibles dont le marché regorge. Ces satisfactions sont hélas terriblement bornées. On aura une maison en ville, un château à la campagne, une villa au bord de la mer, un chalet à la montagne. Mais le possesseur de ces merveilles, ne pouvant être qu'à un endroit à la fois, n'en profite pas autant qu'il le voudrait. Les délices qui en découlent sont dans l'opinion plutôt que dans le cœur ; elles me rappellent ce palais à la sublime façade dont on vantait les mérites au Dr Johnson, lequel répondait avec son bon sens coutumier qu'il préférait habiter la maison d'en face.

Il est malheureusement avéré que tous les biens dépassant d'un peu loin le seuil de l'utilité ou du simple confort relèvent du domaine de l'ostentation plutôt que de la jouissance, ils nous font plus d'honneur que de plaisir. Certes il peut sembler bizarre de désigner du nom d'honneur les satisfactions d'amour-propre que procure l'argent. Il fut un temps où l'argent et l'honneur étaient en opposition flagrante. Seules les fortunes accumulées sans hâte, au fil des siècles, étaient estimées avouables. Dépenser de l'argent pouvait passer pour une action noble et généreuse, mais en gagner rapidement était la marque d'une âme ignoble et sans élévation. On ignorait encore, à ces époques reculées qui vont du premier Adam jusqu'à Adam Smith, que travailler était le plus mauvais moyen de gagner de l'argent. L'homme fruste et primitif subodorait dans un enrichissement trop rapide l'esprit de lucre éhonté, l'avidité obscène, l'absence de respect humain, la déloyauté, la perfidie, la fraude. L'honneur et l'argent étaient alors incompatibles, la considération ne s'attachait pas nécessairement à la richesse, le pauvre était estimé être un malheureux et non un imbécile. Point n'est besoin de remonter à l'âge de la pierre pour retrouver ces sentiments. Il y a deux siècles encore, un fermier-général en son opulence n'était pas beaucoup mieux considéré qu'un voleur de grand chemin ; toutes ses richesses ne le protégeaient pas du mépris des nobles et de la haine des roturiers. Il ne se trouvait guère que les hommes de lettres, toujours un peu rampants de nature, pour lui faire la cour et participer à ses festins.

Nous avons changé tout cela, pressés sans doute de faire goûter au grand nombre les joies princières de la satiété. Et l'acquisition de l'argent s'est trouvée bientôt donner la mesure des capacités d'un individu. On comprend que des esprits chagrins aient été jusqu'à jeter le discrédit sur la loterie au nom de la nouvelle morale. La Constitution suisse de 1874 interdit les jeux de hasard, et cela s'explique fort bien. L'argent, aux yeux du législateur, est une chose trop haute et trop sainte pour qu'on puisse laisser à la Fortune, toujours aveugle et volage, le soin de le distribuer. L'art de s'emplir les poches distingue le fort du faible, l'audacieux du timide, le malin du naïf. Où irions-nous si le hasard pouvait déterminer les chances de succès, si les biens de ce monde n'étaient pas nécessairement la proie des violents et des rapaces ? Certes il n'est pas encore de bon ton, dans la vieille Europe en tout cas, d'étaler sa fortune au grand soleil ; certes, nul n'ira jusqu'à mépriser ouvertement la misère et les miséreux ; mais l'argent, en dépit de ces belles précautions, n'en est pas moins tenu aujourd'hui pour le baromètre de la plupart des valeurs humaines : un instrument que j'ai longtemps négligé de consulter, et dont je ne saurais trop recommander l'usage à tous ceux qui ont souci d'occuper dans notre sympathique société une autre place que la dernière.

J'aurais aimé pouvoir aussi, de temps à autre, me présenter des exceptions qui, selon la formule, confirment la règle. Je n'ai pas toujours connu la misère. Quoique ayant débuté tout au pied de l'échelle, je suis parvenu avec le temps, avec beaucoup de temps, à ne plus me trouver parmi les calamiteux qui doivent tendre la main. On ne m'en a pas moins accusé, eu égard à d'innocentes habitudes, d'avoir un peu la vocation d'un chiffonnier. Un tel reproche m'avait été adressé par un instituteur alors que je n'avais pas même dix ans, et aujourd'hui encore, après avoir passé de fort loin le douzième lustre, je me vois l'objet d'inculpations similaires. J'avouerai sans fausse honte que je m'attache aux menues choses et qu'il me répugne de les jeter tant qu'elles peuvent être utiles. J'ai également plaisir à sauver de la mort et de l'oubli les laissés-pour-compte de l'industrie humaine, même si j'ignore le parti que j'en pourrai tirer. L'un d'eux se trouve-t-il avoir attiré mon regard au hasard de mes pérégrinations, je le ramasse subrepticement après avoir observé du coin de l'œil si personne ne m'épiait, aussi heureux soudain que feu Christophe Colomb à la découverte de ses Indes. Et mon plaisir, alors, n'est pas seulement d'avoir quelque chose pour rien, c'est aussi et surtout de pouvoir restituer à mon objet déchu une valeur insoupçonnée. Pour un peu, je me prendrais pour le Dieu d'Israël et de l'Évangile, qui nous rappelle que la pierre rejetée par les bâtisseurs deviendra un jour la pierre angulaire de l'édifice.

Ajoutons ceci pour notre défense : il ne faut pas confondre chiffonnier et voleur. Le chiffonnier est un honnête homme, et s'il lui arrive de trouver dans une poubelle un porte-monnaie bien garni, il s'empressera de le rapporter au commissariat. Son métier n'est ni reluisant ni honorifique, il lui faut manipuler tout ce que la marée de la civilisation laisse derrière elle quand elle se retire épuisée, mais il reste probe sinon propre.

Une des suites de l'existence moderne, hâtive et technique, est de conduire au mépris des choses. Elle mène aussi au mépris des hommes, mais c'est là un autre problème qui nous distrairait de notre sujet. Un ouvrier de la vieille école travaillait sans mesurer son temps pour parfaire le chef-d'œuvre grâce auquel il accédait à la maîtrise. Cette pièce capitale était surtout remarquable parce que le travailleur y avait mis une partie de son âme, démontrant incidemment qu'il avait appris un métier et savait l'exercer. De nos jours, le mot d'ordre est de produire, la quantité seule importe, les hommes et les machines se trémoussent à qui mieux mieux pour fabriquer beaucoup, vite et mal. Dans ce tourbillon de frénésie mécanique, les objets ont perdu toute relation de sympathie, d'amitié et de camaraderie avec l'homme. Ils sont devenus des entités quasi abstraites, sans attache morale avec leur utilisateur. Par son métier, par son attitude, par sa présence seule, le chiffonnier s'insurge contre cette hypertrophie de la production, contre cette dépréciation des choses. Il les récolte, il les choisit, les trie, les retouche, les répare, il leur redonne vie par son attention, son travail et son amour. Il est une protestation vivante dans le concert de l'utilitarisme ambiant... Je m'aperçois que ce plaidoyer *pro domo* m'écarte un peu de la modération qui sied au sage ; qu'elle m'éloigne surtout de mon projet qui était de me faire jeter la pierre en toute occasion. *Vanitas !...* Et puis tant pis ! puisque mon projet était aussi et d'abord d'être sincère, au risque de me contredire ainsi qu'il est d'usage. Honneur donc, une fois n'est pas coutume, aux trieurs de chiffons, aux biffins, aux crocheteurs ! Honneur même aux collectionneurs – quoique la distinction entre les chiffonniers et ces derniers impose quelques remarques. Le collectionneur est en général un homme riche, qui réunit autour de lui des objets d'art pour son plaisir, afin de dépenser son argent de façon agréable et peut-être intelligente. Le chiffonnier, bien au contraire, est un homme pauvre, qui collectionne des objets souvent sans beauté apparente dans le but avoué de gagner sa vie (l'on connaît pourtant des collectionneurs qui, achetant à bon compte des tableaux qu'ils sauront mettre à la mode, ont gagné plus d'argent en leur vie que l'ensemble de la profession des fouilleurs de poubelles depuis l'époque du regretté François Villon et de ses compères coquillards). Mais pour l'essentiel, le collectionneur et le chiffonnier sont frères. Ils aiment les choses, ils les respectent comme étant le produit d'un travail humain, ils les recherchent et les réunissent. Que l'un fréquente les couloirs de l'Hôtel Drouot et l'autre les abords de la place Maubert est de peu d'importance. L'un et l'autre s'emploient à faire un choix. Tel le Dieu dont nous parlions il y a un instant, ils savent séparer le bon grain de l'ivraie. Choisir est l'une des plus belles, des plus hautes fonctions humaines. Heureux les peuples qui ont su élire le gouvernement de leurs rêves, les hommes qui ont su trouver l'épouse idéale ! Même l'artiste, le créateur, n'est grand que s'il sait faire un choix. Il doit savoir distinguer le neuf et l'original du baroque et du bizarre, élaguer le superflu, le lien commun, ne laisser subsister que ce qui est beau, surprenant, personnel. Choisir, c'est créer un peu.

Argent, possession, attachement à l'humble beauté des choses : autant d'écueils sur le chemin de celui qui fait métier de vivre, autant de remous qui rendent la navigation excitante mais problématique. J'ai aimé parallèlement, depuis ma prime jeunesse, la peinture et les lettres, et je dois inscrire les joies que ces arts m'ont procurées parmi les biens les plus positifs de mon existence. J'ai eu le tort de n'avoir pas su me décider entre les deux, m'interdisant ainsi de développer telle attitude qui eût pu se révéler prépondérante et que j'aurais cultivée de façon utile. Je n'ignorais pas que la littérature correspondait mieux à ma vraie vocation mais je me suis toujours laissé tenter par la peinture, qui m'offrait des satisfactions plus aisément accessibles. Ma chère Marie-Louise qui, malgré la tendresse de son cœur, avait plus de sens pratique qu'une demi-douzaine de banquiers, me reprochait de m'éparpiller, de ne pas savoir reconnaître mes dons véritables. Mais la littérature est une épouse acariâtre et sévère, tandis que la peinture est une douce maîtresse, procurant du plaisir à ceux qui n'ont pas de talent – à ceux-là plus encore peut-être qu'aux autres, car avec la maîtrise croît nécessairement l'esprit critique. Dans mon for intérieur, j'étais persuadé que la peinture était pour moi une occupation trop plaisante pour que mes tableaux pussent avoir une valeur quelconque ; tout au plus me permettait-elle d'offrir des cadeaux aux amis assez indulgents pour ne pas mépriser mes productions. Je savais qu'un accouchement sans douleur ne peut rien donner de bon. Thorwaldsen, le grand sculpteur danois, disait vers la fin de sa vie : « Je crois que je commence à baisser. J'ai été satisfait de mon dernier ouvrage. »

Inversement, le métier d'écrivain n'a jamais été pour moi une occupation de tout repos. C'est une profession dure et impitoyable, la possession parfaite de la langue en est la condition liminaire. Bien rares sont les hommes de lettres qui ont pu surmonter le handicap de la vie en exil, d'autant que la langue française, d'une stabilité remarquable dans sa période classique, est devenue de nos jours particulièrement changeante, et l'on a peine à la suivre en ses derniers avatars lorsqu'on ne demeure pas dans son orbite. Vivant en terre étrangère, je suis plus qu'un autre tiraillé entre le désir d'exprimer ma pensée et la crainte de la trahir, entre l'espoir d'avoir vraiment un message à livrer et la terreur de répéter, même sans plagiat conscient, ce que d'autres ont dit avant moi et mieux que moi. Comme les paysans pour qui un médicament ne vaut rien s'il n'est pas désagréable à prendre, j'estime que l'on ne peut rien écrire de durable sans se donner du mal. Lors du premier jet, dans le feu de l'inspiration, s'il m'est permis de parler ainsi sans rire, on a l'impression que les phrases coulent de source, que les mots valent la peine d'être alignés les uns derrière les autres. Plus tard, à l'heure où il faut se relire à tête reposée, la déception est d'autant plus forte, et l'on maudit ce métier qui cause tant de peine et procure si peu de satisfaction.

Vivant seul, en dehors de tous les courants de l'opinion, sans confident ni censeur, j'ai eu ce tort de toujours écrire pour moi-même, sans me préoccuper de l'état du marché littéraire, de l'offre et de la demande. J'avais l'idée, sans doute erronée, que l'écrivain ne doit pas, comme le journaliste, suivre son temps, mais se placer en dehors de lui, si possible même au-dessus. Écrire un livre et tenter de le faire publier, c'est une présomption qui frise l'impertinence, surtout pour un homme comme moi qui s'adresse ainsi au genre humain alors qu'il serait incapable de discourir devant cinq ou six morveux. Il y a eu, dans le temps, des auteurs conformes à mon idée, écrivant pour la libération de leur âme, sans vouloir satisfaire les besoins du public, sans loucher vers le lecteur. Je n'ai pas pour Saint-Simon l'admiration passionnée de Stendhal, mais je le respecte pour avoir écrit une si grande œuvre avec la ferme intention de ne rien publier de son vivant. De nos jours, les entrepreneurs de littérature doivent être constamment aux écoutes de l'actualité, tâter le pouls du public afin de ne pas laisser échapper une occasion de le distraire, de l'amuser dans toute la force étymologique du terme, c'est-à-dire de l'éloigner des Muses. La république des Lettres est, en France peut-être plus qu'ailleurs, une république des camarades. Il faut être sur place pour se créer des relations, des sympathies, des amis et des complices, pour vaincre les hésitations des éditeurs et de leurs conseillers qui, étant écrivains eux-mêmes, sont tentés d'admettre seulement dans la corporation leurs familiers et leurs disciples. Il faut avoir un talent à tout casser pour triompher de tant d'obstacles, une confiance en soi voisine de la fatuité. L'artiste peut, à la rigueur, peindre pour son propre plaisir, mais l'homme de lettres n'écrit jamais pour lui seul. La moindre épître exige un lecteur, ou de préférence, une lectrice, à plus forte raison la brochure ou le livre. L'écrivain sans public est semblable à une âme à la recherche de son corps. Écrire sans jamais se voir publié est aussi décourageant que de nager contre un courant plus fort que soi. Mon nom est peut-être aussi un obstacle. La concision a toujours été appréciée chez les écrivains, mais la circoncision ne jouit pas en général de la même faveur.

Et pourtant, je le sens, j'étais fait pour écrire. Il est vrai, les manuscrits que j'ai parfois envoyés à des éditeurs m'ont toujours été retournés, souvent avec quelques mots d'éloges dont j'ignorais s'ils étaient sincères, alors que je ne pouvais pas douter de la sincérité du refus. Mais je dois quand même des remerciements aux maisons d'édition qui m'ont fait cet honneur. Elles m'ont contraint à rentrer en moi-même, à examiner mon ouvrage sans indulgence, à en chercher les défauts. Il n'y a pas de mal qui n'apporte son bien, dit le proverbe espagnol.

... Ni de bien qui n'appelle son mal, ai-je aussitôt envie d'ajouter. Mon petit talent d'écriture, je ne dois pas l'oublier, me valut un jour un succès décisif dont je n'ai pas trop lieu d'être fier. C'était au début de mes relations avec celle qui devait, plus tard, devenir mon épouse, pour notre malheur mutuel. Elle m'avait fait savoir bien clairement, et avec une brutalité toute féminine, qu'elle ne voulait pas de moi et ne se sentait nullement attirée par la vie en commun. Fort de l'expérience acquise par la suite, je dois reconnaître qu'elle avait parfaitement raison. Mais j'étais très amoureux, d'autant que je ne savais rien de ma future compagne, sauf qu'elle avait un joli nez au milieu du visage et une voix douce qui semblait présager un caractère analogue. Ma timidité invétérée me poussait à ne pas abandonner le peu de terrain déjà conquis, car nouer de nouvelles relations a toujours été pour moi une entreprise ardue. J'écrivis à la dame de mes pensées une lettre longue et insidieuse où, sans trop me recommander comme le mari idéal, je lui laissais entendre qu'elle serait peut-être satisfaite d'avoir un foyer le jour où sa chère maman viendrait à lui manquer, ce qui malheureusement arriva bientôt. Hélas, trois fois hélas, ma lettre eut du succès. Ma dulcinée revint sur sa décision, et nos relations reprirent, douces comme miel au début, mais plus tard...

Enfin, passons, je suis une victime de la littérature – et comme toutes les victimes, je cherche hors de chez moi les coupables. L'histoire du siècle ne m'a t-elle pas singulièrement malmené ? Je ne puis pourtant pas m'absoudre sans tricher, car il n'est permis à personne d'ignorer sa vocation, s'il en a une. Pour être honnête, je dois reconnaître qu'il y a eu en cette vilaine affaire beaucoup de ma faute. Je me suis souvent laissé mener par les événements au lieu de leur tenir tête et de leur imposer ma volonté. Puisque j'ai laissé tomber ce grand mot, je relèverai à ma décharge que le rôle de cette fameuse volonté est probablement moindre qu'on a coutume de l'imaginer. Napoléon, ce héros de la volonté aux yeux de bien des gens, s'estimait lui-même plutôt mené par le destin et conduit par son étoile. Tous ces champions de l'initiative conquérante, s'ils ne sont pas des psychopathes, sont essentiellement de bons vendeurs, des hommes ayant la parole facile, capables de dominer et d'embobeliner les gogos. Dans les domaines inférieurs, ils sont camelots à la sauvette ; quand leurs aspirations s'élèvent, ils font le porte à porte et vendent des aspirateurs ; à l'étage supérieur, ils deviennent politiciens et fondent un parti. Je ne fais pas ce boniment pour sauver la face et camoufler mon absence d'énergie. Non, confessons-le sans ambages, si je n'ai pas su assez énergiquement suivre ma voie, c'est que je ne savais pas bien ce que je voulais.

Le nom de Napoléon étant venu sous ma plume, soulignons que, tout pacifiste que je suis, je m'indigne avec Churchill qu'on ose comparer Hitler à Bonaparte. Hitler s'est faufilé au pouvoir comme un reptile, mentant, trompant et assassinant ses amis de la première heure. Le livre qu'il a écrit, non sans aide semble-t-il, est rigoureusement illisible. Tandis que Napoléon, quels que fussent ses défauts, savait écrire. Sa proclamation à l'armée d'Italie, ses bulletins de victoire, ses ordres du jour, sont de la littérature tendancieuse sans doute, mais de la littérature quand même. Son 19e bulletin de la Grande armée, avec sa jolie coda : « L'empereur ne s'est jamais mieux porté », est un morceau de bravoure – de bravoure littéraire, s'entend. Et s'il n'avait écrit que cet article du Code : « La femme doit amour et obéissance à son mari », il mériterait un rang honorable parmi les poètes romantiques.

Virtuose de l'indécision, je n'ai jamais conduit dans le domaine de l'écriture que des batailles illusoires, choisissant au surplus pour déployer mes minces ressources les terrains les plus ingrats. Que n'ai-je au moins écrit un roman ! C'est si facile : il n'y a qu'à se laisser faire. La passion du public pour les œuvres d'imagination, la tendance irrésistible du marché, la préférence marquée des éditeurs et des critiques, tout cela porte les auteurs vers les voies aimables du romanesque. Mais un honnête homme doit savoir s'opposer à ses mauvais instincts, résister à la tentation d'écrire comme tout le monde, préférer l'insuccès au déshonneur.

La grande vogue du roman est due en première ligne à la

haine de la vérité. L'homme n'est pas seulement de glace aux vérités, il a contre elles une aversion furieuse. C'est pourquoi la fiction seule l'intéresse. Les livres les plus sérieux, les mieux réfléchis, ceux dont le contenu humain semblait mériter la curiosité et la considération, ne peuvent trouver grâce à ses yeux qu'en s'affublant des oripeaux du roman. Il ne faut pas en vouloir aux littérateurs s'ils veulent tous fournir cette marchandise si demandée, ou s'ils baptisent de ce nom fétiche les œuvres les moins romanesques. « Il faut des romans aux peuples corrompus. » Ainsi des milliers de romans paraissent et disparaissent chaque année, des centaines de milliers s'amoncellent dans les bibliothèques, ces nécropoles de l'esprit où le papier de cellulose retourne à la poussière dont il n'aurait jamais dû sortir. Combien y en a-t-il, au cours d'un siècle, qui ne périssent pas tout entiers ? Une douzaine, peut-être. C'est beaucoup, dirait Martin.

En conséquence de quoi la sagesse, si j'en avais eu, aurait dû me pousser plutôt du côté de la peinture. Mais mon idéal misérablement retardataire ne me facilitait pas la tâche. Je rêvais d'écrire comme Jean-Jacques et de peindre comme Claude : Claude Lorrain, et non Claude Monet. Avec de telles aspirations, pouvais-je recueillir autre chose que des regards de commisération ? On me demande souvent pourquoi, vivant au XXe siècle, je ne me suis jamais essayé à la peinture « moderne ». Un artiste allemand, Thoma, romantique attardé de la fin du siècle dernier, résumait la question en peu de mots : par l'art, l'homme exprime à Dieu son admiration pour le monde qu'il a créé et lui en témoigne sa reconnaissance. Bref, selon ces vues d'un autre âge, foi et sincérité étaient les pierres de touche de la valeur artistique. On sait à quel point la position des peintres contemporains bat en brèche cette austère et naïve vision des choses. L'un d'eux a même été clair : l'art moderne ne vise pas à l'imitation de la nature, mais à l'émulation – faire mieux si possible, ou à tout le moins faire quelque chose d'autre. Que le Créateur de ce drôle de monde puisse être accusé de maladresse, voire de quelques louches intentions, est un débat qui a requis depuis longtemps la verve des philosophes, et la cause est loin d'être entendue. Toujours est-il que si l'Auteur du vaste monde peut se voir vilipendé par les sages et les impertinents, nul ne songera à lui reprocher de n'avoir point œuvré en artisan soucieux du détail. Sans vouloir rivaliser avec cet auguste prédécesseur, disons que j'ai toujours eu plaisir à soigner mes effets. En peinture, je suis franchement un primitif, j'adore fignoler les avant-plans de mes paysages, jusqu'aux feuilles des arbres et aux brins de gazon. Pour donner une idée de mon incommensurable modestie, ma grande ambition eût été de devenir, avec le temps, un artiste en herbe.

Les artistes modernes, bien au contraire, craignent de laisser voir qu'ils ont peiné à l'ouvrage. Quand une œuvre est barbouillée à la va-vite, sans trace d'application, il est toujours permis de supposer que son auteur est un talent brouillon mais doué. A la vue de ces tableaux, de ces sculptures modernes, dont l'originalité est si remarquable qu'elle nuit parfois à la beauté, il n'y a plus que deux solutions possibles : ou l'artiste se moque de nous, ou c'est un génie. On a l'impression de voir quelque chose que l'on n'a jamais vu. On se sent reporté aux jours de la Création, alors que le Démiurge, à chaque œuvre sortie de ses mains, s'étonnait de son excellence, et du caractère neuf et surprenant de son ouvrage. Les modernes rivalisent avec Dieu en faculté créatrice comme dans la rapidité de l'exécution et ils trouvent, eux aussi, leurs ouvrages rudement bien torchés.

Nos contemporains, et notamment les artistes géniaux, qui sont légion, estiment la réputation de Dieu surfaite, en quoi ils prennent la suite des philosophes, mais avec des arguments qui se parent d'une rhétorique un tantinet épicière, soucieuse surtout de débiner la concurrence. Il semblerait à les entendre que le Créateur avait plus de talent que de génie, ce qui n'est heureusement pas le cas des artistes qui honorent les cimaises de nos galeries. On s'étonnera peut-être de constater un tel foisonnement de génies en une époque si résolument prosaïque et matérielle à tous les autres égards. La chose n'est pas tout à fait nouvelle. Le bon Heredia disait déjà, avec une feinte et malicieuse modestie : « Ils ont tous du génie. Moi, je n'ai que du talent, c'est plus rare. » Nous sommes sans doute trop près de la scène pour apprécier cette pléthore de génialité qui est la marque glorieuse de notre époque. Nous en reparlerons dans un siècle ou deux.

C'est par une infatuation désastreuse que l'artiste moderne s'est arrogé le titre de créateur, qu'il devrait en toute modestie laisser à Dieu et aux grands couturiers. La génération spontanée n'existe pas, et ce que l'artiste prétend tirer du néant porte la trace de cette origine. Les anciens disaient que la nature a horreur du vide. On pourrait retourner le dicton et affirmer en présence des œuvres modernes : le vide a horreur de la nature.

Dieu étant le premier moteur, il n'avait pas, comme nous autres puînés, la crainte de se voir pris en flagrant délit de plagiat à chacune de ses créations. La photographie n'existait pas encore, et il lui était loisible d'abonder en détails sans courir le risque de passer pour pompier. Je me demande si l'on n'a pas abusé du spectre de la photographie pour justifier l'art abstrait et pour fustiger les retardataires du sobriquet de naturalistes. Delacroix, qui était déjà un moderne, a salué la photographie à ses débuts comme une alliée possible de la peinture. Pourquoi l'invention de la chambre obscure implique-t-elle une révolution dans l'art de voir et de rendre sensible ce qu'on a vu ? L'argument est d'autant moins recevable que les autres arts accusent la même tendance à s'éloigner de la nature et de la mesure, sans avoir le même prétexte. J'avouerai que je prêche pour mon saint, car ayant plaisir à peindre aussi finement que possible, je me sers souvent de photos pour travailler mes croûtes à la maison, confortablement assis à une table.

Pour modeste qu'ait été mon talent de peintre, je l'ai encore compromis en voulant le greffer sur mon amour de la montagne. Je me suis imprudemment attaqué au paysage alpestre, dont la grandeur attire le novice et décourage l'expérimenté.

Ramuz, dans sa description de la Suisse romande, fait quelques efforts pour excuser la montagne d'être si peu propre à la peinture. Élevé dans le culte des impressionnistes, il tient les environs de Paris pour l'unique paysage digne d'être célébré par le pinceau. La montagne, il l'aime, l'admire et la respecte, mais il ne peut pas la voir en peinture.

Il y a encore autre chose. L'œuvre d'art est un moyen terme entre la nature et l'artiste, un compromis entre l'imitation de la réalité et l'expression de la personnalité du maître. Dans les meilleurs Corot, nous ne jouissons pas seulement de la beauté des lieux que l'artiste offre à notre contemplation, mais aussi de la présence de cet ami subtil et poétique dont l'œil exercé et le commentaire discret nous font goûter tout le charme du motif. La montagne, dure, écrasante, irréductible à l'échelle humaine, se prête moins à ces interprétations nuancées. Plus le motif est imposant, plus il est difficile à l'artiste d'y mettre du sien, de s'interposer entre la présence de l'objet et la vision du spectateur. On dira, dans le meilleur des cas : « Quel beau paysage ! » et non pas « Quel beau tableau ! » La haute montagne, surtout vue de près dans sa désolation grandiose, n'est guère accessible au pinceau, et Calame lui-même, qui n'était pas alpiniste, ne s'est jamais risqué à en fixer le détail. Mais aperçue de loin, estompée par une perspective aérienne qui offre plus de présence aux teintes brumeuses dont elle se nimbe qu'aux arêtes supposées la définir, il ne me semble pas impossible de faire sentir sa grandeur – et ce ne sont pas les Chinois de jadis, à défaut de mes chers contemporains, qui sur ce point me contrediront.

Bien que Turner soit mort dix ans avant Delacroix, on peut le considérer aussi comme un des pères de la peinture moderne, avec toutes les responsabilités qu'implique cet honneur. Génie original et indompté, il commença en peignant comme tout le monde, mais mieux. Dans ses œuvres de la première époque, il parvint à rejoindre son idéal, Claude Lorrain, peut-être à le dépasser. Plus tard, toujours plus fougueux, il se laissa emporter par la démesure, et dans ses derniers ouvrages les formes et les couleurs se fondent en un magma que ses fervents ont parfois de la peine à admirer. On a essayé de le justifier en rendant une maladie de la cornée responsable de ses erreurs. Si nous en croyons Max Müller, le sanscritiste, un oculiste compétent a diagnostiqué la déviation de son sens optique, allant jusqu'à élaborer des lunettes spéciales permettant au spectateur de rectifier ses aberrations et de voir ses tableaux comme ils auraient été peints si Turner avait joui jusqu'au bout d'une vue normale.

C'est une idée à creuser. La peinture moderne, il est vrai, ne peut pas être le fait d'une simple maladie, comme les dernières œuvres de Turner, mais d'une véritable épidémie visuelle. Le mal étant généralisé, multiforme et œcuménique, il ne sera pas facile d'y apporter un remède. Et pourtant, l'opticien qui parviendra à créer des lunettes grâce auxquelles on pourra voir, supporter, et peut-être même apprécier l'art moderne aura bien mérité de l'humanité.

Notre époque se distingue de toutes les grandes ères de production artistique, comme le siècle de Périclès ou celui des Médicis, non seulement par l'abondance prodigieuse des chefs-d'œuvres, mais aussi par la rémunération fastueuse des auteurs de ces merveilles. C'est là une nouveauté absolue. Jusqu'à présent, sauf quelques exceptions comme Titien, Rubens ou Reynolds, l'artiste avait coutume de se contenter du minimum vital – le picotin du cheval qui a gagné le Grand Prix, comme disait Degas –, s'il ne préférerait pas mourir de faim pour attirer discrètement l'attention du public sur lui. De nos jours les artistes géniaux, qui forment la majorité, sont mieux payés que ne le furent jamais Phidias, Michel-Ange ou Rembrandt. On s'étonnera que ce soit précisément au temps où les œuvres d'art s'éloignent le plus du sens commun et deviennent incompréhensibles au vulgaire qu'elles atteignent les prix les plus fabuleux. Ce n'est pas un effet du hasard. C'est en vertu (et non pas en dépit) de leur caractère abscons et ésotérique que les œuvres d'art moderne sont appréciées du public auquel elles sont destinées. Le compère de l'artiste, depuis le siècle dernier, est le snob, connu aussi sous l'appellation de connaisseur – lequel peut être, selon les cas, collectionneur, critique ou marchand de tableaux. Ces catégories ne sont pas toujours faciles à distinguer, on ne les rencontre jamais à l'état chimiquement pur. Il n'y a pas de marchand de tableaux qui ne se croie un Mécène et un révélateur de génies inconnus, ni de critique d'art qui n'ait quelque aptitude pour le négoce. Et parmi les snobs collectionnant l'art moderne, il est aussi difficile de trouver un amateur véritable que dans une équipe nationale de football. La possibilité de revendre au triple de son prix d'achat le chef-d'œuvre qu'il a déniché augmente nécessairement la satisfaction du connaisseur. Elle prouve à la fois son sens esthétique et son esprit pratique, l'infaillibilité de son flair et sa supériorité sur la masse. Les amateurs d'art moderne sont par définition de bons commerçants.

La fonction essentielle du connaisseur – découvrir les talents cachés – serait périlleuse et ardue si les hommes de génie ne foisonnaient pas comme de nos jours, et s'il n'était pas plus simple et plus profitable de découvrir des artistes déjà connus. Ainsi la profession de connaisseur, bien que présentant quelques aléas, comme tout ce qui touche à la mode, est relativement sûre et moins exposée aux fluctuations que celles de marchand de marrons ou de ministre des Affaires étrangères. L'importance du connaisseur dépasse celle de l'artiste. A quoi servirait-il à celui-ci d'avoir du génie s'il ne trouvait un amateur pour le découvrir, un critique pour exposer les beautés de son œuvre avec une obscurité magistrale, et un marchand capable de faire une propagande ronflante et distinguée autour du grand homme ?

L'aversion de nos contemporains envers la réalité est d'autant plus remarquable que l'art moderne a débuté par une réaction justifiée contre le classicisme désuet et la peinture d'atelier, sous le drapeau du plein air et de l'impressionnisme. On voulait faire toujours plus naturel et, d'exagération en exagération, on est parvenu à la négation de la nature. Dans le temps, le génie était une longue patience, alors qu'aujourd'hui la vitesse est devenue la marque de la valeur. Si l'artiste a quelque peu la bosse du commerce, la perspective de vendre des ébauches au prix du tableau achevé doit lui paraître allé-chante. Les augures l'encouragent à persévérer dans cette voie, car plus l'œuvre est inachevée, mieux elle est susceptible de fournir la matière de commentaires aboutis, profonds et subtils. Jacques-Émile Blanche demandait à ses élèves : « Pour obtenir d'un tableau un bon prix, savez-vous ce qu'il faut mettre dedans ? – Du talent, répondait l'un. – Du cœur, hasardait un autre. – De la poésie, suggérait un troisième. – Sans doute, approuvait le maître, tout cela est très bien, mais ce qu'il faut avant tout mettre dedans, c'est l'acheteur. »

Il fut un temps où la fonction de l'artiste était différemment conçue, où sa mission était d'affirmer, en face d'un monde vacillant, remuant et insensé, l'existence d'une beauté non contingente. Nous en sommes maintenant bien éloignés, et il est triste de voir ceux à qui il appartenait, en vertu de leurs attributions immémoriales, de mettre un sens dans le mouvement et de l'ordre dans le chaos, éprouver joie et fierté à tourner encore plus vite en rond que les chevaux de bois de la société contemporaine. L'idée de Tolstoï, que l'art doit exercer une influence morale, est fort discutable, mais l'amour de la nature, une attitude humble et respectueuse devant les splendeurs de la Création, ne sont pas des éléments moralement indifférents. Sa seconde proposition, que l'art est sans valeur s'il n'est pas compris du peuple, est soumise aux mêmes restrictions, mais elle renferme également une bonne part de vérité et implique une condamnation de l'art ésotérique, la grande réserve des petites coteries.

Nous aboutissons ainsi, bon gré mal gré, au point que nous cherchions à escamoter, la question morale. Envisager l'attitude de l'homme envers la nature sous son rapport moral n'est pas rétrécir les données du problème, comme le penseraient les sectateurs de l'art pour l'art. La modestie de l'homme devant la Création est un acte de probité intellectuelle, c'est la conscience d'une faiblesse qui est une force. Il est probable que chaque époque a l'art qu'elle mérite. Nous ne devons pas nous plaindre, enfants d'un siècle que dominent la machine, la vitesse et la mort, si les œuvres d'art écloses de nos jours se ressentent de cette triple maternité. Depuis plus de cinquante ans, notre familiarité de tous les jours avec la mort violente a irrité en nous l'amour naïf et naturel de la vie, l'a exaspéré au point de le transformer en une soif pathologique de jouissance. Les inventions se succèdent, la technique se perfectionne, les machines deviennent toujours plus complexes, plus rapides, plus envahissantes. S'opposer au courant, résister à la tentation, exigerait une force de caractère peu commune, et une puissance de personnalité encore plus rare.

A la lecture de ces lignes, on trouvera sans doute l'amateur bien crispé. Amertume de l'artiste raté empressé à débiner les confrères qui paradent sur l'avant-scène ? Incompréhension morbide d'un esprit inadapté à son temps ? Admettons. Mais n'oublions pas pour cela que Baudelaire, Flaubert et quelques autres étaient convaincus que toute création digne de ce nom se faisait au rebours de l'époque, et de préférence contre elle. N'oublions pas, surtout, que la prétention de produire une œuvre supposée élever son auteur au-dessus du troupeau est l'un de ces écueils de l'existence contre lesquels nous ne saurions trop mettre en garde les navigateurs débutants. L'évidente folie de pareille entreprise se justifie bien vite des plus hautes considérations morales, comme on vient de voir, et la morale elle-même n'est jamais citée à la rescousse sans que la métaphysique et la religion, quelque méfiance qu'on en ait, ne pointent le bout de l'oreille.

En fait de religion, toute modestie gardée, je ne suis pas loin de correspondre à l'idéal de Jean-Jacques Rousseau. Quoique étant un enfant précoce et éveillé, j'ai été élevé jusqu'à l'âge de dix ans comme un petit sauvage, sachant lire, écrire et compter, mais ignorant si l'univers où je me trouvais avait poussé tout seul comme un champignon, ou s'il était l'œuvre de Dieu ou de l'un quelconque de ses concurrents. Et pourtant nous habitions Paris, la Ville-Lumière, où nous n'avions que l'embarras du choix pour trouver un culte adéquat ou un mode convenable d'irréligion.

Il se trouva que nous habitions rue Étienne Dolet, laquelle accueillait, vers le haut, une imposante église catholique, et une petite mission protestante vers le bas. Ainsi est-ce par le seul hasard des lieux que nous vînmes à fréquenter le centre évangélique Mac All, que dirigeait le pasteur Louis Appia. C'était un excellent homme, commandant à la fois le respect et l'affection. Il devait être encore jeune, son mariage ayant eu lieu à l'époque où nous le fréquentions, mais il nous semblait étrangement vénérable, avec sa barbe soignée et sa longue soutane. J'appris plus tard qu'il avait dû, afin de nourrir sa famille, se livrer à d'obscurs travaux d'écriture à la mairie, suppléant ainsi à la maigre rétribution de son ministère. Tout simple qu'il était, il descendait d'une famille illustre dans les fastes du protestantisme et de l'action humanitaire : l'un des pasteurs attachés au service des Vaudois du Piémont au XVIIe siècle se nommait Pierre Appia, et le Dr Louis Appia fut aux côtés d'Henri Dunant l'un des fondateurs de la Croix-Rouge.

La petite salle de la mission n'abritait pas seulement l'école du dimanche ; il s'y donnait aussi des conférences, des fêtes, des soirées divertissantes, des pièces de théâtre. Toute l'ambiance était cordiale et sympathique, et c'est ainsi que la religion protestante, débarrassée de l'aspect maussade et sévère à quoi l'on réduit souvent le calvinisme, fut la première à se présenter à moi. Je savais bien sûr que nous étions juifs, et mon nom était là pour me le rappeler, mais le fait de fréquenter une communauté chrétienne ne me gênait en rien, et nous n'en étions pas moins bien accueillis. J'apprenais l'Histoire sainte, je m'instruisais dans le Nouveau comme dans l'Ancien Testament, j'acceptais avec la même neutralité le miracle de Josué arrêtant le soleil et celui de l'étoile signalant aux mages la crèche de Bethléem, l'un et l'autre fort discutables du point de vue astronomique. Je chantais en chœur des cantiques pleins d'entrain, dont plusieurs me sont restés en mémoire – où j'ai pu reconnaître après coup des emprunts très éclectiques : de Haendel aux revivalistes modernes. Mais en définitive, si je crois comprendre le petit garçon déluré que j'étais alors, la religion chrétienne glissait sur moi comme l'eau sur le dos d'un canard. J'absorbais pêle-mêle tout ce qu'elle m'offrait, sans discuter ni soulever d'objection, mais je n'y croyais guère plus qu'aux fées ou au loup-garou.

Peut-être me disais-je déjà : le bon Dieu a travaillé six jours selon la genèse, et il s'est reposé le septième ; mais qu'a-t-il fait depuis lors ? S'est-il désintéressé de sa création, a-t-il laissé le monde aller à vau-l'eau ? Le soleil est sans doute une belle invention, bien que des critiques sévères y aient découvert des taches. Les étoiles sont aussi très réussies, quoique nous trouverions peut-être à y redire si nous pouvions les voir de plus près. La mer, la montagne, les arbres, les fleurs, tout cela n'est pas mal pour un débutant, et si le Créateur n'avait rien fait d'autre, il mériterait qu'on lui frappe affectueusement sur l'épaule pour le féliciter de son travail et l'engager à faire encore mieux à l'avenir. Mais de nombreux animaux et surtout l'homme, hélas, sont de misérables avortons : un artiste consciencieux aurait dû se rendre compte qu'il avait failli à sa tâche et que l'ouvrage raté devait être refondu. Dieu aurait dû avoir à ses côtés un critique bienveillant mais judicieux pour lui montrer les imperfections de son œuvre et l'empêcher de se dire chaque soir, comme il est rapporté dans le compte rendu : « Voilà qui est bien, voilà qui est beau. » C'est là un témoignage d'autosatisfaction béate indigne d'un démiurge. Une admiratrice de Gladstone se consolait de la mort du grand homme en pensant : « Maintenant, Dieu pourra profiter de ses excellents conseils. » Il lui a peut-être manqué le sixième jour.

Mais je m'éloigne de mon sujet, nous voulions causer de religion et voilà que je me mets à parler de Dieu, ce qui est tout différent. La religion est une chose essentiellement humaine, qui n'entretient que des rapports occasionnels avec la théologie, la cosmogonie et la physique interplanétaire. Retournons à la religion, c'est-à-dire à l'homme, c'est-à-dire à moi.

Sans penser à mal, nous fréquentions depuis un certain temps les institutions protestantes, quand nos oncles et nos tantes s'alarmèrent. Ils n'étaient pas de meilleurs juifs ni plus pratiquants que nous, mais ils avaient une sainte horreur de la conversion, de ce qu'on pourrait appeler le « renégâtisme ». Ils critiquèrent vertement ma mère de laisser ainsi ses enfants exposés à l'apostasie. Docile, elle nous envoya à des cours de religion israélite, à l'école Lucien de Hirsch, située dans les environs des Buttes-Chaumont. Cette expérience fut courte, car il nous déplut souverainement de devoir brailler pendant des heures : « Chema Israël Adonoï Élohénou » en compagnie d'une bande de marmots sales et mal peignés. L'instituteur était également peu soigné de sa personne, il venait en traînant ses pantoufles, et sa religion, à la différence de l'islam, ne semblait pas lui prescrire des ablutions fréquentes. Bien que je fusse loin d'être élégant moi-même et nullement snob dans mes allures, la religion de mes pères me repoussait un peu par son aspect débraillé. Le seul souvenir agréable que je garde de ces essais d'introduction au judaïsme se rapporte à certaine purée de pommes de terre qu'on nous servit un jour dans une gamelle, à la cantine de l'école : de petits morceaux de viande s'y trouvaient mélangés ; elle était onctueuse, juste à point, et le souvenir m'en est encore présent après tant d'années écoulées. Mais cette démonstration culinaire de l'excellence de notre religion fut insuffisante pour m'en faire supporter les aspects moins sympathiques. Après quelques séances qui ne dépassèrent pas, je crois, la demi-douzaine, nous abandonnions l'école Lucien de Hirsch pour ne plus y revenir. C'est pourquoi le judaïsme n'a jamais été mon fort, comme la religion en général. Par exemple, je n'ai appris qu'à quinze ans, en rencontrant lors de notre exode des membres moins impies de notre famille, qu'il y avait aussi des fêtes juives, dont j'ignorais totalement l'existence auparavant. Par la suite, j'ai pu combler ces lacunes, et je suis aujourd'hui assez bien au courant de tous les rites hébraïques, sans toutefois les pratiquer. Je ne sais si c'est là malchance exceptionnelle, mais j'ai parfois rencontré des juifs très pieux dont le caractère laissait fort à désirer ; j'ajouterai pour faire bonne mesure que j'en ai aussi rencontré d'excellents.

Je n'oublie pas non plus cette prière rituelle que l'on me cita dans une famille à coup sûr plus dévote que la nôtre : « Je te remercie, mon Dieu, de m'avoir créé homme et non animal, juif et non païen, mâle et non femelle » – profession de foi qui détonne en notre époque de féminisme triomphant, et rappelle invinciblement la prière du pharisien. C'est pourquoi, sans vouloir le moins du monde renier la religion de mes ancêtres, je conserve à son égard une attitude de neutralité bienveillante, sans plus.

Je me suis souvent demandé pourquoi les fidèles, de quelque bord qu'ils soient, sous prétexte qu'ils ont hérité un lot de dogmes en leur tendre enfance, s'imaginent être moralement supérieurs aux profanes qui se fient plutôt au témoignage de leurs sens ou au cheminement de leur raison. Les hommes qui se bornent à croire au carré de l'hypoténuse n'en sont pas plus fiers, mais dès que leurs convictions prennent un caractère dogmatique – qu'il s'agisse de la Transsubstantiation, des six cent treize prescriptions du Pentateuque ou de la réincarnation du Bouddha –, leur peu d'assurance ordinaire tourne vite à la présomption et la condescendance qu'ils montrent à tous ceux qui ne partagent pas leurs vues n'a pas besoin de beaucoup d'encouragements pour prendre l'allure du mépris. Et le fait que leur religion leur enjoigne parfois l'humilité ne change rien à l'affaire. Je ne voudrais nullement prétendre que les personnes religieuses soient moins bonnes que les autres ; j'en ai connu d'excellentes, la crème de l'humanité, le sel de la terre. En désignant à leurs ouailles un idéal élevé, inaccessible même, les prêtres ont peut-être contribué à rendre meilleurs ceux qui n'étaient que bons ; mais ils n'ont pas manqué, ce faisant, de rendre pires les médiocres, qui ont la force du nombre, et à qui la religion offre ces armes bienvenues : orgueil et hypocrisie.

Il y a dans tout composé religieux, dans toute Église, un élément solide et un élément fluide, dont la combinaison détermine en large part l'attitude des croyants. Le solide, ce sont les dogmes, les prescriptions et, du point de vue individuel, ces fameux « mérites » qui valent le ciel aux bien pensants, à ceux dont les œuvres sont agréées par la Loi. Le fluide, c'est la mystique, la foi, tout ce que l'homme estime être de l'ordre de la grâce. Ces deux éléments sont en perpétuelle fluctuation, et parfois – la vie des saints eux-mêmes nous l'enseigne – en violente contradiction. La primauté de l'un ou de l'autre n'est jamais absolue ; elle peut être néanmoins suffisamment marquée pour que la supposée morale des fidèles s'en trouve soudain orientée vers la bénignité, la tolérance, ou vers le fanatisme. Dans une religion sclérosée et formaliste, où les adeptes sont sans cesse conviés à accomplir des tâches très dures dont le bon Dieu leur devra grande reconnaissance, la mise en avant de ses propres mérites sera pour le croyant le plus sûr moyen d'accéder au respect des puissants et, partant, de jouir de la prospérité et de la paix. Suffisance et tartufferie seront les moteurs de la vie sociale, laquelle se déroulera toute sous l'œil sourcilleux des prêtres, rabbins et autres imams. A l'inverse, dans une religion parlant à la sensibilité plutôt qu'à la volonté, demandant l'adhésion de l'âme, non la soumission aveugle à des préceptes, on rencontrera plus volontiers la modestie, la bonté, la tolérance, l'acceptation indulgente des brebis fourvoyées ou galeuses. Le cœur est toujours plus universel, plus bienveillant que l'esprit.

C'est une idée généralement reçue, dans nos climats, que la croyance en un Dieu créateur de l'Univers est l'essence de la religion. Cette croyance est discutable. La création du monde, en supposant qu'elle ait eu lieu, est un phénomène d'ordre matériel, et vouloir mêler l'Être suprême à cette douteuse affaire n'est peut-être pas le meilleur service à lui rendre. Des esprits religieux de ma connaissance m'ont vertement remis à ma place en m'entendant émettre des doutes sur les talents du Grand Démiurge. Selon eux, on ne peut se prétendre croyant si l'on ne croit pas, précisément, à ce dogme tout ensemble créateur et fondateur. Je n'en persiste pas moins, contre leur avis, à penser que croire n'est pas nécessairement renoncer à l'usage de la raison et se lancer les yeux fermés sur la route de l'absolu. Le sentiment de l'infini serait, paraît-il, la base de la religion. C'est ce que Kant voulait exprimer dans sa phrase fameuse, la seule où le philosophe aride se soit élevé à la hauteur de la poésie : « Deux choses remplissent mon âme d'une admiration et d'une révérence toujours croissantes : le ciel étoilé au-dessus de ma tête et la conscience morale au fond de mon cœur. » Reste que l'infini ne me paraît guère susceptible d'éclaircir l'état de la question. C'est vouloir expliquer l'incompréhensible par l'inconcevable. Il est plus simple, plus sincère et plus honnête d'avouer notre ignorance – et de chercher, tel Socrate, à en baliser loyalement les limites.

Du reste, l'objet de la foi est peut-être moins important que la foi elle-même. Croire en Jupiter, en Vichnou, en Jéhovah, en Jésus-Christ, ou bien à l'immortalité de l'âme, à la métempsycose, aux tables tournantes ou au perfectionnement darwinien de l'espèce : autant d'actes de foi. Certains appellent Goethe un païen, parce qu'il ne professait pas de religion révélée. Ni Tolstoï ni Gandhi ne croyaient en un Dieu personnel, à longue barbe, créateur du ciel et de la terre. Pour Gandhi, Dieu est la conscience, la loi morale, et avant tout la vérité. Nous ne connaissons pas la vérité et nous ne la connaîtrons jamais, mais l'idée qu'elle existe est en elle-même un acte de foi.

Il y a quelques années, je causais avec un communiste qui m'apprenait non sans fierté qu'une chaire d'athéisme avait été instituée dans je ne sais plus quelle université. Il m'était un peu nouveau de voir l'athéisme élevé à la dignité d'une science, mais puisque la théologie fut pendant des siècles la science par excellence, pourquoi pas ? Je répondis à mon propagandiste que, sans vouloir porter atteinte à la majesté des sciences en général et de l'athéisme en particulier, j'estimais qu'il fallait largement autant de foi, peut-être plus, pour être athée que pour professer une religion quelconque. De toute façon, dire du mal de Dieu est à mon avis lâche et inélégant. Il ne peut pas ou ne veut pas se défendre. Si l'on veut absolument faire preuve de témérité, qu'on s'en prenne au Diable. Il a bec et ongles.

Du reste, les progrès de la science, si progrès il y a, ne reculent nullement les bornes de l'inconnu. Ils se contentent d'augmenter la superficie du domaine de la connaissance, et multiplient par là les points de contact avec le mystère. Plus on est savant, et plus on est conscient de ses déficiences ; il n'y a que les ignorants qui soient toujours certains d'eux.

Par esprit d'équité et sans me targuer d'être pieux, je dois reconnaître que la décadence de la religion que nous constatons depuis deux siècles correspond assez exactement à un ravalement de l'intellect et de la morale, à une marche ascendante de la barbarie politique et du crime à grande échelle. A chacun d'en tirer ses conclusions. Je trouve aussi remarquable que la France, la fille aînée de l'Église, la patrie du roi très-chrétien, des *Gesta Dei per Francos*, la terre d'où jaillit au Moyen Age la floraison la plus éblouissante de cathédrales, soit devenue avec le temps la patrie de l'incrédulité. Il y a des choses qu'on ne comprend pas. C'est ça la religion.

L'idée que Dieu est la vérité, ou pour mieux dire que la vérité est l'unique face de Dieu qui soit non pas accessible à l'homme, mais concevable par lui, pourrait nous servir de point de repère dans l'étude d'un problème qui m'a longtemps tracassé : la morale est-elle possible sans religion ? Ma chère Marie-Louise, qui avait la faiblesse de m'aimer malgré mes nombreuses lacunes, notamment dans le domaine religieux, m'exprima plusieurs fois sa surprise de me trouver honnête et convenable en dépit de ces déficiences. Des esprits libres et élevés, tels que Rousseau et Vinet, partagent aussi cette opinion, et même un impie comme Voltaire se représentait volontiers la religion comme un associé et un succédané du gendarme, ayant pour mission de maintenir dans le droit chemin les êtres qui, par leur nature, auraient plutôt tendance à broncher.

Évidemment, cette religion chargée de contraindre les hommes au bien par l'espoir des récompenses ou la crainte des punitions est d'un matérialisme et d'un anthropomorphisme déplorables, et je loue sainte Thérèse d'avoir voulu éteindre l'enfer et brûler le paradis afin que des créatures puissent aimer Dieu de façon désintéressée. La foi, conçue dans un esprit aussi grossier, ne serait que la création d'une conscience artificielle, et le juste ne vaudrait pas beaucoup mieux que le chien de Pavlov. Un de mes anciens patrons, élevé dans le judaïsme le plus sévère, avait avec le temps abandonné cette orthodoxie au point d'épouser une chrétienne et de ne plus suivre aucun des préceptes mosaïques. Il me raconta, dans un moment d'épanchement, qu'il s'était trouvé mal après avoir mangé sa première côtelette de porc, et qu'il avait vomi cette nourriture non rituelle, bien qu'il eût perdu la foi depuis longtemps.

Si, nous inspirant de Gandhi et de quelques autres, nous mettons sur le même plan l'amour de la vérité, l'amour des hommes et l'amour de Dieu, il nous sera moins pénible de laisser le problème irrésolu – sans avoir pour cela à étudier la théologie dans le but louable de distinguer le bien et le mal. Ne prenons qu'un exemple, mais un grand. La guerre n'est pas seulement un forfait et une honte parce qu'elle vise à la destruction de la vie, ce bien réputé le plus précieux, et à la négation de l'idéal auquel toute société se doit de tendre : la communauté humaine. Elle l'est aussi parce qu'elle est le triomphe, l'apothéose du mensonge. Il n'y a pas de guerre où l'agresseur ne se déclare pas en état de légitime défense, où l'on ne fausse pas les documents, les sentiments, les faits et les chiffres. La guerre est un crime contre l'humanité, contre la vérité, contre Dieu. Et qu'avons-nous besoin de théologie pour parvenir à cette conclusion, surtout si l'on veut bien se rappeler quel docte cortège les maîtres en Sorbonne de jadis ont fait aux croisades guerrières et aux entreprises pyrotechniques de la sainte Inquisition. La nature de Dieu étant infiniment audessus de l'entendement humain, les religions s'éloignent d'autant plus de la vérité qu'elles essaient de définir et d'expliquer la Divinité de façon minutieuse et circonstanciée. Si l'on fait abstraction de la Révélation, qui est une pétition de principe, la théologie, ou science de Dieu, est non seulement absurde, mais sacrilège. Il est contradictoire de vouloir définir l'infini.

Je serais désolé si ces quelques pages, où je me suis contenté d'effleurer de façon très superficielle et sans malice un sujet d'une importance et d'une profondeur incalculables, pouvaient donner la moindre impression d'irrespect et de cynisme. Si la religion est un atavisme sans valeur pour le critique incrédule, et l'opium du peuple aux yeux du révolutionnaire de profession, elle est aussi le soutien et l'espoir de millions de misérables. Qu'elle soit peut-être une illusion parmi d'autres, qu'elle ait été la complice des pires forfaits, qu'elle nous assène ses dogmes comme autant de vérités, voilà qui la rapproche singulièrement de la science, sa vieille ennemie, laquelle entend aussi avoir raison sur tout, bien que brûlant d'un cœur joyeux ses théories l'une après l'autre. Admettons que toutes deux peuvent à l'occasion propager le bien, et gardons-nous de moquer les vertus balsamiques qu'elles dispensent aux âmes en peine.

Il peut sembler étrange de chercher une analogie entre le désir d'avoir raison, maladie mentale fort répandue, et les convictions religieuses ou idéologiques dont se prévalent tant de nos semblables. L'adepte comme le partisan, fatigués sans doute de rechercher par eux-mêmes la vérité, s'en remettent à des instances qui les déchargent de ce fardeau. N'étant plus seuls devant l'inconnu, ils acquièrent à peu de frais l'agréable conviction d'être sur la bonne voie. Certains d'avoir choisi le mode le plus juste et le plus efficace de parvenir au vrai, soucieux de recueillir dans un futur peint des plus belles couleurs les avantages promis aux fidèles, et une préséance assurée dans tous les paradis susceptibles d'exister, ils attendent d'un pied ferme l'imprudent contradicteur.

On voit comment cette attitude s'assimile au désir pathologique d'avoir raison. C'est une espèce de sclérose mentale, un rétrécissement, un endurcissement des vaisseaux permettant à la vérité d'arriver jusqu'à nous. L'individu atteint de cette affection considère son point de vue et lui seul ; ses opinions sont seules valables, et il oppose une barrière solide à tout ce qui pourrait ébranler ses certitudes. Son intelligence ne lui sert qu'à trouver des raisons de se donner raison. Il admettra peut-être que des personnes ne partageant pas se vues puissent avoir quelques qualités, mais sa conviction de posséder la seule chose nécessaire est si forte que son mépris des profanes reste pour ainsi dire égal. Pour lui, il y a d'un côté les élus et leurs amis, tandis que de l'autre, indistincts et confondus dans la même fange, croupissent tous ceux qui n'ont pas le bonheur et le mérite de connaître la Vérité.

Les hommes, y compris les femmes, s'imaginent volontiers avoir raison, et l'idée que leur opinion vaut mieux que celle des autres est pour eux pleine d'attraits. Les certitudes religieuses et idéologiques favorisent tout naturellement cette attitude mentale. Mais il en va de même pour toute espèce d'opinion. Ainsi de Berthelot clamant au nom de la Science majuscule : « La Nature n'a plus de secrets pour nous ! » Il n'est décidément pas facile de quitter les sentiers de la religion.

J'ai lu chez un conteur de fables, Charles-Louis Philippe, une phrase sans rapport apparent avec le contexte, mais qui m'a frappé par sa densité : « Quand l'homme est malheureux, il veut avoir raison. » En posant que le désir exaspéré d'avoir raison est une maladie mentale, je disséquais le cœur humain sans amour et sans haine, avec la froideur d'un anatomiste. Dans la phrase citée, un poète se penche sur le même problème avec un regard plus tendre et plus humain. Le malheur est sans doute une chose sainte, et la compassion un sentiment éminemment respectable. Je me demande pourtant si le romancier n'a pas commis une erreur de logique en considérant comme une relation de cause à effet ce qui est en réalité plus complexe. Il est pour le moins imprudent d'appliquer les lois de la causalité à des phénomènes moraux, c'est-à-dire humains. Une pierre tombe sur la terre meuble et y creuse un trou : si la pierre n'était pas tombée, il n'y aurait pas eu de trou. La cause est entendue, et l'effet aussi. Mais pour ce qui est des rapports humains, c'est une autre affaire. Il n'y a pas de cause qui ne soit aussi un effet, pas d'effet qui ne soit en même temps une cause. Les deux se confondent, se pénètrent et s'influencent comme par osmose. De même qu'il n'y a pas de haut et de bas dans le monde physique, il n'y a pas de cause et d'effet dans le monde moral. Il serait faux de prétendre, comme Charles-Louis Philippe semble l'impliquer : l'homme est malheureux, par conséquent, il veut avoir raison. Il serait tout aussi inexact d'affirmer inversement : l'homme veut avoir raison, il s'ensuit qu'il est malheureux. Se sentir malheureux et désirer avoir raison sont deux faits psychologiques, deux états qui réagissent l'un sur l'autre et qui sont également cause et effet.

Le désir immodéré d'avoir raison est la source d'innombrables calamités privées et publiques. Il fait les Torquemada et les Hitler, de même que les Xanthippe et autres épouses raisonneuses, autoritaires et bougonnes. Comme la loi de la gravitation s'applique à la chute d'une épingle ou à la parabole d'une étoile, ainsi le désir acharné et irrépressible d'avoir raison contamine toutes les relations humaines, depuis les plus élémentaires – du père à l'enfant, du mari à la femme – jusqu'aux plus générales : rapports entre les puissants, les Églises, les peuples. Casimir Périer, ce grand homme d'État style Louis-Philippe, disait volontiers : « Je me moque bien de mes amis quand j'ai raison, c'est quand j'ai tort que je veux qu'ils me soutiennent. » Ce n'est pas une boutade, c'est l'expression d'un état d'esprit fort commun. Où allons-nous, si même les politiciens les plus conservateurs sont la proie de ce prurit ?

Une certaine débilité d'intelligence est à la base de cette aberration. L'homme dont le jugement est sain, dont la conscience n'est pas obnubilée par la haute opinion qu'il a de ses idées, peut se placer au-dessus de la question et la voir avec quelque objectivité. Il n'a pas pour ses opinions et ses sentiments la partialité niaise et touchante de la chouette pour sa progéniture : « Mes enfants sont mignons, beaux, bien faits et jolis sur tous leurs compagnons ! » Mais le désir d'avoir raison est une faiblesse parmi les mieux partagées, et l'auteur même qui déblatère contre ce travers a toutes les peines du monde à s'en préserver.

Il faut le répéter encore une fois, bien que cette vérité de La Palisse soit connue depuis beau temps : on n'est pas malheureux par suite de quelque malchance extraordinaire, parce qu'on n'a pas, comme tout le monde, trouvé la femme idéale, ou pour avoir reçu sur la tête une tuile malencontreuse. Non, on est malheureux parce qu'on s'est fabriqué un caractère qui attire le malheur comme l'aimant attire l'acier. C'est lui qui vous rend malheureux, vous et votre entourage, et c'est lui aussi qui éveille en vous le besoin de vous donner raison, notamment quand vous avez tort. Car il n'est pas dans la nature humaine de chercher en soi-même l'origine de ses maux, tant qu'elle a la moindre chance de la trouver ailleurs.

L'homme malheureux est essentiellement celui qui n'aime pas ; ou, si l'on préfère, celui qui s'aime lui-même à l'exclusion de tous les autres. Il y a contradiction dans les termes : s'aimer soi-même, c'est véritablement ne pas aimer, renoncer à laisser son âme sortir de la carapace où elle se trouve enfermée. Cet onanisme moral doit nécessairement rendre malheureux. Le pauvre homme ne veut pas reconnaître que son caractère massacrant est à l'origine de son infortune, et il se cramponne à l'idée que les autres sont la cause de tous ses malheurs. De là son désir effréné d'avoir raison, qui peut aller jusqu'au délire de la persécution, jusqu'à la démence pure et simple.

J'ai eu peu d'ennemis dans ma vie, et je n'en suis pas plus fier. Au contraire, je devrais m'en excuser, c'est un signe de médiocrité plutôt qu'une preuve de valeur. Ces rares ennemis, je ne suis même pas parvenu à les haïr, bien qu'ils m'aient fait beaucoup de mal dans la mesure de leurs forces et que leurs agissements aient parfois modifié le cours de mon existence. Je vois d'abord Maroufle, le plus méchant patron que j'aie connu, qui me prenait avec prédilection comme tête de Turc. Je ne peux pourtant pas lui en vouloir à mort, il avait un malheureux caractère, le pauvre, et ses humeurs peccantes se déversaient de préférence sur moi comme étant, parmi ses subordonnés, le plus pacifique et le moins disposé à la lutte. Il y eut également mon collègue Joseph, le loustic fielleux dont la dénonciation calomnieuse incita contre moi les autorités suisses. Mentionnons aussi mes amis X... qui après trente ans d'intimité se donnèrent beaucoup de mal pour saper les fondements, déjà si fragiles, de mon mariage tardif et mal emmanché. Ce dernier exemple surtout me porte à croire qu'un ennemi, au fond, c'est plutôt un ami dont les sentiments, pour une raison quelconque, ont tourné à l'aigre. Comment un homme pourrait-il vous vouloir du mal et vous en faire s'il ne vous aimait pas à sa façon, s'il n'était pas au courant de vos qualités et de vos défauts, s'il n'avait pas, somme toute, une certaine forme de sympathie pour vous ? Mais, comme de juste, sa sympathie doit être active, clairvoyante, perspicace, sans illusions, bien décidée à faire de vous un homme meilleur, en dépit de vous-même, s'il le faut. On nous assure que Dieu châtie ceux qu'il aime. Nos ennemis, en définitive, ce sont des amis désirant jouer le rôle de Dieu dans notre vie, soucieux du salut de notre âme et fermement résolus à nous faire du mal, puisque c'est pour notre bien.

J'ai parfois essayé de les excuser en me disant qu'ils étaient plus bêtes que méchants, que leur ignorance était à la base de leur malice. Mais je me demande maintenant si l'excuse est valable et si la distinction courante entre la méchanceté et la bêtise a vraiment sa raison d'être. La bêtise humaine, cette grande nébuleuse, susceptible, comme l'a dit un philosophe, de donner une idée de l'infini, n'est peut-être pas ce qu'un vain peuple pense. On s'imagine assez généralement qu'elle se confond avec l'absence d'intelligence. C'est une erreur, à mon sentiment. La bêtise n'est pas la carence d'une faculté quelconque, c'est une qualité *sui generis*, indépendante, superbe, agissante, désireuse de s'affirmer au grand jour et d'exercer une influence. Si la bêtise était passive, comme on le croit trop souvent, elle essaierait de se dissimuler, elle se ferait petite et modeste, en un mot, elle ne serait pas si bête que ça. L'intelligence, c'est la faculté de comprendre, d'éclaircir ce qui est confus et obscur, de percevoir les distinctions subtiles et les analogies cachées. La bêtise n'est pas à ses antipodes, elle peut fort bien s'allier avec un degré d'intelligence honorable, avec la roublardise, par exemple ; elle n'en est alors que plus puissante et plus dangereuse. L'homme n'est pas bête parce qu'il ne comprend pas, mais parce qu'il comprend de travers. Celui qui ne comprend pas est honteux de son incapacité, il tentera peut-être de voiler son ignorance et il se taira pour ne pas la rendre trop manifeste. Mais celui qui a compris faux n'en est pas en cela moins satisfait de lui-même, et pour peu que le doute ne l'étouffe pas, le voilà bientôt plus fier de son erreur que l'homme intelligent ne l'est de sa compréhension des choses. Car l'erreur a ceci d'attirant qu'elle nous est plus personnelle, qu'elle nous appartient plus en propre que la vérité, laquelle, universelle par nature, ne saurait faire l'objet d'une appropriation avantageuse.

Nous touchons ici du doigt le nœud de la question. L'homme bête, n'est pas tel par manque d'intelligence mais bien par égoïsme. Enveloppé dans sa propre personne comme dans une coquille, il rapporte tout à soi et jauge à sa seule mesure les personnes et les choses. Ceux qui lui ressemblent ne s'intéressent qu'à ce qui risque de se rapporter à eux : les faits et gestes de leurs voisins, de leurs camarades de travail, de leurs rivaux sur le terrain de jeu de l'existence immédiate. Leur conversation, quelque lustre qu'elle se donne à l'occasion, reste une forme de commérage. Cette incapacité de faire abstraction de soi, de comprendre l'Autre, d'apprécier et d'aimer en autrui ce qui est différent, est précisément la marque de la Bête – et l'on sait les dégâts qu'elle a faits ne serait-ce qu'en notre siècle. L'homme bête, surtout s'il est malin, et mieux encore s'il se donne les moyens de la force, désigne son nombril ou son idée fixe comme le centre du monde, et sa conviction ne manque jamais de susciter l'adhésion de ceux qui peuvent trouver leur compte à partager sa façon de voir. Persuadé que son esprit embrasse l'Univers, et que ce qu'il ne comprend pas ne vaut guère la peine d'être compris, il en vient vite à se convaincre que ses qualités sont les vertus humaines par excellence, tandis que celles qui lui font défaut ne sont pas loin d'être des tares – qu'il se chargera bien d'éradiquer chez autrui si on lui prête quelques armes. Quêtant un supplément d'admiration parmi ceux qu'il appelle à le suivre dans ses vues sans ménager leurs applaudissements, il s'admire au fond assez lui-même pour remercier Dieu, comme le Pharisien, de l'avoir fait tel qu'il est.

Quand la bêtise atteint ce degré de concentration, elle se mue facilement en méchanceté. La bonté parfaite, si elle pouvait exister, serait en nous une conscience ferme et constante de l'identité de tous les créatures. Si nous étions vraiment bons, le mal dont un autre est affligé nous causerait la même douleur que si nous souffrions nous-mêmes. Nous l'éprouverions même plus, car si nous sommes protégés contre nos propres maux par le rempart de la bonne conscience et le bouclier du stoïcisme, nous sommes perdus et sans défense contre les malheurs d'autrui. Inversement, l'homme dont la bêtise est parfaitement mûre et arrondie se trouve si plein de lui-même qu'il ne reste plus de place en lui pour faire accueil à l'Autre. Sa bêtise, le couvrant comme un épais manteau, le rend imperméable à la souffrance des tiers. Tel l'enfant arrachant les ailes d'une mouche sans s'imaginer qu'il fait souffrir un être vivant, tant il est loin de trouver une analogie quelconque entre la mouche et lui, ainsi l'homme bête peut-il se montrer égoïste, cruel et méchant sans ressentir le moindre reproche de sa conscience. Une bonne partie de la bêtise et de la méchanceté qui règnent parmi les hommes est due à ce qu'ils s'entêtent à ne pas prendre en compte la communauté de leur destin. Des êtres affligés par la même infortune – la perte d'une personne chère, par exemple – se sentiront tout naturellement attirés les uns vers les autres. Mais les hommes aiment à se faire illusion et, tant que la fortune semble leur sourire, ils se croient invulnérables et oublient qu'ils sont, comme tout le monde, sujets aux maladies, aux accidents, à la décrépitude et à la mort. S'ils étaient mieux conscients de cette fatalité inexorable, ils ne se montreraient pas si durs, si exempts de compréhension pour le malheur d'autrui. L'absence d'imagination est la source commune qui alimente à la fois la bêtise et la méchanceté. Ainsi l'esprit borné et le cœur dur marchent volontiers de compagnie.

Je ne suis pas éloigné de croire que l'absence d'imagination est ce fameux péché contre l'Esprit, resté à nos yeux si obscur en dépit des explications des théologiens, ou par suite de ces éclaircissements mêmes. Les enfants, qui ne sont nullement parfaits – n'en déplaise à Rousseau – à l'instant où ils sortent des mains du Créateur et la sage-femme, sont souvent dénués de cette faculté intellectuelle et morale ; ou plutôt leur imagination, qui est vive, s'arrête à la confection d'un monde qui leur est propre et où l'Autre n'a guère accès. Car il faut avoir souffert pour comprendre et partager la souffrance. Au regard de celui qui a l'imagination obturée, la douleur qu'on ne ressent pas n'existe pas. Il est des gens qui, à moins d'un coup de poing reçu en pleine figure, ignorent ce que peut être l'affliction. Ils sont à plaindre.

Il est donc inexact d'affirmer d'un individu qu'il est plus bête que méchant. Ces deux défauts sont des vases communicants et pour ainsi dire interchangeables. Je ferais sans doute une peine inutile à mes rares ennemis en leur apprenant que leurs gestes malicieux ou hostiles à mon endroit tirent leur origine d'un fonds caché de bêtise pure et sans alliage. Car il en est de la bêtise comme des autres maladies mentales : celui qui en souffre n'en a pas conscience. Nous sommes tous plus ou moins fous, mais seuls les gens à peu près sains d'esprit savent que leur entendement laisse à désirer. Quant aux autres… sachons qu'ils sont à craindre dans l'exacte mesure où ils sont convaincus d'avoir une cervelle à l'épreuve de l'erreur, alors qu'elle n'est qu'à l'épreuve du doute, et n'oublions pas – ce qu'il m'est trop souvent arrivé de faire – qu'ils ont pour eux la force du nombre.

Pour sortir de ce désert d'abstractions, je prendrai un exemple tiré de ma propre expérience. Mon ami Onésime n'a jamais été très fort en alpinisme. Il n'est pas seulement sujet au vertige, il est carrément froussard et je l'ai vu ramper à quatre pattes en des passages où tout montagnard qui se respecte marche debout et les mains dans les poches. Comme il est ambitieux et amateur de sensations fortes, il a parfois courageusement essayé de surmonter son manque de courage. Au temps où j'étais bon alpiniste, je l'ai guidé dans des courses dépassant quelque peu ses aptitudes, en le tenant à la corde et en le soutenant au moral comme au physique. Depuis des années, mon arthrose ne me permet plus de telles folies ; j'ai dû renoncer aux grandes courses, puis aux petites. Onésime, qui n'est pas affligé de cette infirmité, fait encore de temps en temps des ascensions en montagne. Il en est fier, et il le montre parfois. Il y a quelques années, nous montions ensemble un escalier lorsqu'il me fit aimablement remarquer qu'en dépit de son âge, il prenait toujours les marches deux par deux. Ma maladie lui était connue depuis longtemps et il n'ignorait pas que je peinais quant à moi à les gravir une à une. Sa remarque n'était pas le fait d'un esprit méchant, j'en suis sûr. Mais sa soudaine supériorité dans l'escalade des hauteurs le rendait pour le coup si heureux qu'elle en débordait malgré lui ; il lui fallait à tout prix donner une expression à ce bonheur, peut-être dans l'idée que je m'en réjouirais avec lui. Je dois avouer que je n'ai pas eu le cœur assez bon pour participer à cette joie.

Cette historiette insignifiante vient à point pour donner un peu de corps à ma théorie. Onésime n'est pas un méchant homme, il ne voulait pas me faire sentir mon infériorité, mais sa supériorité, ce qui est tout différent. Son erreur, l'une des plus communes qui soient, était de ne penser en l'occurrence qu'à lui-même. Ce rétrécissement d'horizon moral, on peut l'appeler bêtise ou méchanceté, selon le point de vue où l'on se place, ou l'indulgence dont on fait preuve. C'est simplement un manque d'imagination que l'on ne doit reprocher à personne, car on ne peut pas demander à chacun d'être poète.

AMOURS

Un Anglais de notre temps, Neville Cardus, écrivait dans ses mémoires : « Ma vie amoureuse pourrait être décrite sur une carte postale. » Je me demande s'il faut l'admirer ou le plaindre. Cette brièveté pourrait être l'expression d'un amour de jeunesse poursuivi sans un nuage pendant toute la vie, la solution la plus enviable de la question sexuelle. Elle pourrait aussi cacher une absence regrettable de sensibilité, une sécheresse de cœur à la Fontenelle, dont nul homme sain et normal ne voudrait se contenter.

Pour ma modeste part, je ne suis tombé en l'affaire dans aucun travers extrême : ni le trop, ni le rien. Précoce à l'école, je dois confesser avoir été des plus retardataires dans mon évolution sexuelle, travers rédhibitoire s'il en est, tant il fait se gausser d'ordinaire les bonnes gens. Partageant mes heures de classe avec des élèves plus âgés que moi de plusieurs années, je n'ai jamais eu avec eux beaucoup de contacts, et je ne me suis guère laissé influencer par leurs paroles ou par leur exemple. Peut-être me dédaignaient-ils trop pour s'intéresser à moi. Je ne sais pas si je dois le regretter. Leur camaraderie m'eût sans doute aidé à surmonter ma timidité, mais j'aurais probablement dû acheter trop cher cet avantage. Je suis ainsi devenu ce que je suis, un peu craintif, un peu sauvage, mal équipé pour affronter les batailles de la vie.

Lorsque je suis parvenu à la puberté, les choses du sexe étaient pour moi un sujet mystérieux et réservé, et j'essayais en vain de pénétrer ces arcanes qui m'intriguaient d'autant plus que j'en ignorais le moindre mot. Je fus très alarmé quand je constatai chez moi le premier épanchement de liqueur séminale. Je me crus atteint, en mon ignorance, d'une de ces maladies vénériennes dont parlent les pissotières. J'aurais peut-être essayé de consulter un médecin pour avoir l'explication de ce phénomène singulier et pour en connaître le remède, s'il y avait lieu. J'ai été heureusement retenu par la honte et le manque de fonds.

Peu après notre installation à Zurich, j'avais trouvé un labeur assez mal rémunéré dans le rayon de gros du grand magasin où mon frère travaillait depuis plus d'un an comme aide comptable. J'officiais dans un sous-sol parcimonieusement éclairé, où j'ai végété une dizaine d'années, juste le temps nécessaire pour me gâter la vue. Mon premier ouvrage fut de trier par ordre de pointure, de 33 à 46, une montagne de pantoufles, labeur ingrat et humiliant pour un diplômé d'études commerciales supérieures.

Il y avait, dans cette caverne, outre quelques collègues masculins, deux jolies filles, l'une plus élancée, l'autre plus fine, Rose et Marthe. Je ne suis pas un beau parleur, je ne l'ai jamais été et ne le serai jamais. Je contemplais de loin ces deux beautés sans oser les approcher, car elles étaient déjà abondamment courtisées par les messieurs du rayon. L'un d'eux, plus âgé et plus dégourdi que moi, se vantait d'être bien vu de ces dames, et il attira mon attention sur les jolies jambes de Marthe. Je me suis étonné qu'on pût chercher si bas la beauté féminine, mais je l'ai quand même appris avec le temps.

J'avais seize ans quand je suis tombé amoureux pour la première fois. Elle s'appelait Frieda, ce qui signifie *paix*, et j'ai toujours aimé ce beau nom si bien d'accord avec mon état d'esprit. Elle était apprentie dans un rayon de vente qui n'avait avec le nôtre que des rapports lointains. Elle ne devait guère avoir plus de seize ans, et son visage charmant me frappa dès l'abord malgré mon innocence. Elle était petite et délicate, avec des yeux bleus et des cheveux blonds, le teint frais et mat, les traits réguliers, avec un nez juste assez retroussé pour donner plus de piquant à sa figure, bref un croisement entre la Marguerite de Goethe et une madone de Fra Angelico. Toutefois, si mes souvenirs sont exacts, elle ne portait d'autre auréole que sa chevelure lumineuse. Pour le reste du corps, il devait être à l'avenant, quoique je n'eusse jamais osé m'en assurer, ignorant à cette époque bénie que la beauté féminine pût se situer ailleurs que sur le visage. Elle devait avoir des jambes, car elle se déplaçait avec la légèreté d'une gazelle, mais je serais bien en peine de les décrire, sauf à inventer ce qu'alors je n'avais pas cherché à voir. Je l'aimais de loin, avec l'ardeur et la pureté enfantine du premier amour. Car il n'était pas question de lui adresser la parole, et encore moins de lui faire connaître mes sentiments. J'essayais seulement de multiplier les occasions de la voir, afin de savourer tout mon soûl le fruit doux et amer de la passion naissante. J'avais découvert, je ne sais plus comment, son nom, son adresse et le chemin qu'elle prenait pour venir au magasin, et j'avais trouvé, sur cette voie, une espèce de niche d'où je pouvais la voir passer sans être vu. Tous les jours, à deux heures moins le quart, je me rendais à mon observatoire, et j'attendais avec anxiété le bref moment où je la verrais défiler devant moi, légère, heureuse et souriant à la vie, profondément ignorante de son adorateur secret. Quand je l'avais vue passer, ce qui ne durait qu'un instant, j'en avais chaud au cœur pour la journée, et je n'aurais pas échangé mon modeste bonheur contre celui du roi Salomon, malgré ses centaines de femmes et de concubines. Les jours où je ne la voyais pas, je me consolais en espérant le lendemain, et je ne songeais pas à me plaindre du destin contraire. Ce petit manège dura deux ou trois mois, sans que je me sois jamais montré, sans qu'elle ait rien vu ou deviné. Puis, un beau jour, elle ne vint plus au magasin, et j'appris en m'informant discrètement qu'elle avait été renvoyée pour cause d'inconduite. Cette nouvelle me surprit et m'affligea : j'étais tellement certain que cette beauté angélique devait être la manifestation d'une belle âme. J'ai encore rôdé plusieurs fois dans les parages où elle habitait, et je la revis quelques mois plus tard. Mais elle n'était déjà plus la même, son frais visage d'adolescente portait l'empreinte du plaisir, et je crus y lire celle de quelque secrète dépravation. Je n'ai pas essayé de l'approcher, et elle me reconnut d'autant moins qu'elle ne m'avait jamais remarqué. Je n'ai plus tenté de la revoir, et je ne l'ai jamais revue. Ce fut la fin de mon premier amour.

Après avoir quitté le grand magasin de mes débuts, où mes chances d'avancement étaient minimes, j'obtins une place mieux rétribuée dans une maison de soieries dont le personnel, moins nombreux, s'avéra surtout plus liant. Le ton général était familier et bon enfant, on s'y tutoyait facilement, et le prénom se substituait vite au nom de famille. J'ai noué là plusieurs amitiés dont certaines ont duré de longues années. Je n'étais alors pas plus entreprenant qu'en ma prime jeunesse, mais une femme qui travaillait dans un autre rayon m'avait remarqué je ne sais trop pourquoi, et elle profita d'un moment où nous étions seuls pour me proposer un rendez-vous au jardin public, le soir. Elle n'était pas celle que j'aurais choisie moi-même : elle avait passé l'âge tendre et elle était borgne, la pauvre, ce qui défigurait un visage qui n'aurait pas été désagréable. Je n'avais encore jamais été honoré d'une telle faveur, et j'acceptai avec empressement son invitation. De notre rencontre, qui ne fut pas longue, je n'ai gardé qu'un seul souvenir, celui d'un baiser d'amour qu'elle me donna spontanément, le premier que j'ai reçu. Il me bouleversa jusqu'au cœur, et me fait voir mon amoureuse sous un nouveau jour. Une femme qui savait mettre une telle ferveur dans un baiser était certainement digne d'être aimée. Notre entrevue n'eut cependant aucune suite. Mon amante d'une soir s'était peut-être attendue à un garçon plus dégourdi que moi et il est probable qu'elle fut déçue de ma gaucherie. Je n'en sais rien, car je n'ai plus eu l'occasion de lui parler en tête à tête. Elle ne me proposa plus de rendez-vous, et je n'ai pas cherché à en obtenir, me doutant bien qu'elle n'avait pas été satisfaite de moi. Cette soirée resta l'unique leçon d'amour que je reçus d'elle. Elle quitta bientôt la maison, et j'ai même oublié son nom. Je ne crois pas avoir su son prénom. Son baiser seul m'est resté.

Durant toute ma jeunesse, et dans les débuts de mon âge mûr, j'ai ignoré l'art de réussir auprès des belles et d'obtenir leurs bonnes grâces. La preuve en est que plusieurs agréables personnes m'ont reproché, bien des années plus tard, de n'avoir jamais tenté de leur faire la cour, me laissant entendre que mes avances n'auraient pas été trop mal accueillies. Je suis longtemps resté d'une candeur ou, pour mieux dire, d'une sottise inénarrable. J'avais dix-sept ans passés, et mes collègues plus dessalés ne se gênaient pas pour débiter devant moi les pires obscénités, certains que j'étais trop naïf pour les comprendre. Le sens de mainte plaisanterie scabreuse entendue pendant mes vertes années et demeurée par hasard dans ma mémoire ne s'est révélé à moi que beaucoup plus tard. Mes entreprises amoureuses étaient entravées par mon ignorance, et l'audace nécessaire pour aborder les personnes du sexe me faisait totalement défaut. Je me refusais à parler le dialecte zurichois, et cette déficience alimentait encore ma timidité naturelle. N'étant pas un juif pratiquant, je n'avais pas l'occasion de rencontrer des juives susceptibles de me plaire, et j'aurais craint que mon manque de piété leur fût antipathique. Quant aux autres, j'étais conscient de l'aversion générale envers les juifs, presque aussi forte en Suisse allemande qu'en Allemagne, quoique moins ostentatoire. Ma route était barrée des deux côtés.

Entre ma vingtième et ma trentième année, alors que je possédais encore toute mes dents et un assez grand nombre de cheveux, je ne me suis pas contenté d'aller à la chasse au bonheur parmi mes collègues du beau sexe dans les maisons où je travaillais. J'ai aussi tenté, sans grand succès dans la plupart des cas, de faire la connaissance de jeunes et jolies personnes rencontrées par hasard dans une nature complice, car aborder une femme en pleine rue m'eût semblé vulgaire et humiliant. Sans être trop vilain ou mal fait, je craignais d'essuyer des refus du fait de mon origine – la chose m'est arrivée à plusieurs reprises, bien que mon nez ne fût pas très différent du modèle courant. Mes tentatives racoleuses, comme bien l'on imagine, n'étaient pas celles d'un foudre de guerre, et quand le succès n'avait pas répondu à mon attente, ce qui était presque de règle, je me trouvais pour un bon moment dégoûté du métier. Les cimes alors m'offraient leur asile, mais le besoin d'amour en moi devait être plus fort encore que la timidité, car je ne pouvais m'empêcher d'y rêver à de providentielles rencontres.

L'Uetliberg, but favori de promenade dominicale des Zurichois amis de la montagne, a une mauvaise réputation à cet égard, et les dames qui s'y baladent seules courent le risque d'être abordées par des messieurs désireux de peupler leur solitude. Ma jeunesse avait quitté depuis quelques années les rives de l'adolescence quand je fis en ce lieu, sans trop l'avoir cherché, la connaissance d'une aimable passante. Nos chemins s'étaient souvent croisés, et nos rencontres se ponctuèrent avec le temps d'un léger sourire, puis d'un signe de tête et d'un bref salut, avant d'aboutir à des conversations chaque jour plus longues, et, pour finir, à des rendez-vous. C'était une Viennoise, un peu plus âgée que moi, demeurée jeune et jolie. Elle était sociable comme le sont ses compatriotes en général, divorcée mais en rapport avec un ami sérieux, c'est-à-dire sans doute prêt à tout sauf au mariage. Ce monsieur n'aimait pas la marche et permettait à sa dame de se promener seule dans les bois, où les mauvaises rencontres n'étaient pas aussi fréquentes que de nos jours. Elle emmenait parfois un chien qui veillait à sa sécurité et favorisait les prises de contact, selon l'usage de ces animaux utiles et fidèles. Nos relations restèrent espacées et sur le pied d'une franche camaraderie, sans la moindre coloration sentimentale. Une fois pourtant, je pus entretenir quelques doutes. Un beau matin d'été, nous étions mollement étendus côte à côte sur l'herbette, loin des regards indiscrets, quand la fantaisie lui vint de mâchonner le bout d'une tige de gazon, et de m'inviter à faire de même à l'autre extrémité de l'herbe. Par la force des choses, nos lèvres se rapprochèrent petit à petit. Lorsqu'elles furent dangereusement voisines, je pris peur et lâchai prise. Ce n'aurait sans doute donné qu'un petit baiser sans conséquence, mais ma timidité était encore à son zénith. Elle dut certainement me trouver empoté et d'une innocence pathologique, trop naïf en tout cas pour son usage personnel, car nos relations peu à peu cessèrent comme elles avaient commencé, sans discussion ni brouille. Elle essaya même, dans sa bonté d'âme, de me mettre en rapport avec une jeune personne de sa connaissance qui était en quête d'un ami, pensant peut-être que celle-ci serait à même de me dégrossir. Mais la demoiselle n'était pas très attrayante, ni moi bien entreprenant, et cette idylle à peine ébauchée se termina sans adieux et sans larmes.

On pourrait me demander, et je me demande moi-même, pourquoi je n'ai pas, comme tout le monde, tenté de conquérir une femme en lui offrant le mariage. C'était à l'époque la méthode courante, les femmes se laissant encore, en ces années d'un autre temps, volontiers séduire par cet appât. De nos jours la situation est bien différente ; la femme est devenue indépendante et le mariage a cessé d'être pour elle l'unique but de sa vie. Le concubinat, malgré son vilain nom, n'est plus réprouvé ni par le Code ni par les mœurs. Il arrive même que ces dames, comme jadis les Amazones, désirent l'homme à seule fin d'avoir un enfant et se passent fort bien de lui une fois le résultat obtenu. Mais il y a un demi-siècle, l'homme normal pensait d'abord au mariage, et ensuite à la femme lui convenant à cet effet. Un de mes amis, mathématicien renommé, m'a raconté comment il s'y était pris pour choisir son épouse. Étant décidé au mariage, il avait dressé une liste de toutes les personnes de sa connaissance susceptibles d'entrer en ligne de compte. Il y en avait une centaine, ce qui montre qu'il devait être sociable et fort répandu. Il avait analysé la liste avec son habituelle rigueur, rayé les indésirables, passé les autres au crible, pour trouver à la fin celle qui remplissait toutes les conditions. L'union qui résulta de ce procédé scientifique fut heureuse, autant qu'il est possible d'en juger de l'extérieur. Cet exemple de réussite matrimoniale, et quelques autres avant lui (car de telles exceptions se rencontrent même hors des romans), auraient dû m'inciter à convoler, mais j'avais trop de bonnes et de mauvaises raisons de tenir à mon indépendance. Très attaché à ma mère et à ma sœur, et doté pour mon infortune d'une escarcelle fort dégarnie, je ne pouvais envisager un mariage qui eût laissé ces deux êtres dans le besoin. Et puis les chemins les plus commodes pour parvenir à cette fin s'avéraient à mes yeux hérissés d'obstacles. Les juifs liés à une communauté israélite trouvent sans peine des épouses juives à leur convenance ; mais cette voie n'était-elle pas coupée au mécréant que j'étais ? Enfin et surtout, tiraillé par mes aspirations littéraires, je savais que la fortune ne serait jamais le but de ma vie, et je redoutais plus que tout l'épouse énergique et de sens rassis qui m'eût obligé, selon les meilleurs usages, à m'appliquer à la seule acquisition des biens terrestres. En quoi j'étais, et suis encore, l'un de ces romantiques attardés dont la naïve fatuité fait sourire les gens de bien.

J'avais trente ans quand je fis ma première déclaration d'amour, jointe à une demande en mariage. J'écrivis une lettre d'une dizaine de pages où j'exposais à l'élue de mon cœur non seulement mes sentiments, mais aussi et surtout les motifs que je lui suggérais pour rejeter ma demande. En dépit de ma jeunesse, je me connaissais assez bien, mais j'ai peut-être outrepassé la mesure en me dénigrant, dans la crainte de n'être pas suffisamment candide et honnête. Je confessais mes nombreux défauts de la manière la plus sévère. J'insistais notamment sur mes faibles chances de pouvoir me créer une position lucrative, pris que j'étais entre la nécessité de gagner mon pain et mes aspirations littéraires. Je soulignais sans illusions mon absence d'aplomb et mon peu de talent aux choses du commerce. C'était pendant l'une des périodes les plus sombres de ma vie. La crise qui sévissait dans les textiles m'avait contraint d'accepter, pour la punition de mes péchés, la position la plus incompatible avec ma nature, celle de vendeur de trousseaux. Condamné au porte-à-porte, je souffrais jour après jour du mépris et des rebuffades auxquels me vouait cet affreux métier. C'est pourtant grâce à lui que je fis la connaissance de ma chère Marie-Louise. Faible et confiante, elle avait été la victime d'un vendeur plein de bagout et avait signé le bon de commande sans s'être assurée que l'ami qui lui avait promis le mariage tiendrait parole ; or l'ami en question venait de l'abandonner, elle et son trousseau. Elle travaillait avec une collègue dans un petit magasin de ganterie de la rue du Seyon, et figurait sur la liste des anciennes clientes que je devais visiter dans l'espoir d'obtenir de bonnes adresses pour des commandes futures. Je m'étais présenté à elle dans ce but intéressé, mais sa douceur et son charme m'avaient attiré, et j'en étais venu à passer la voir de temps à autre pour me consoler des avanies qui étaient mon pain quotidien. Sa gentillesse aidant, je crus m'apercevoir qu'elle partageait le plaisir que je trouvais en sa compagnie. Je n'eus bientôt plus de doute, cette amitié fervente était en passe de devenir de l'amour. Après un mois ou deux de ces rapports innocents qui étaient un vrai baume pour mon âme en peine, n'y tenant plus, j'avais écrit ma grande lettre.

Bonne comme elle était, la charmante Marie-Louise ne se soucia guère de mes longues élucubrations et elle ne retint que l'essentiel. Dans sa réponse pleine de douceur et de confiance, elle acceptait sans hésiter le cœur et la main que je lui offrais, mais elle mettait de suite le doigt sur le point crucial qui s'opposait à notre union. Elle était catholique fervente et pratiquante, et ne pouvait se marier qu'avec la bénédiction de l'Église. A cette époque, cela impliquait l'obligation de faire élever les enfants qui naîtraient de cette union dans la religion catholique, apostolique et romaine. Cet obstacle imprévu m'atterra. Ce fut la pierre d'achoppement sur laquelle tous nos efforts se brisèrent. Nous ne savions pas si notre union serait féconde, mais l'ardeur de nos sentiments rendait la chose vraisemblable. J'avais beau chercher dans ma tête et mon cœur, je ne voyais pas de solution. Je n'étais juif que de nom, je n'avais pas été élevé dans la religion mosaïque, je n'allais pas à la synagogue, et ne suivais aucune des prescriptions de ce culte si exigeant. Mais il me semblait humiliant et inique de compromettre l'avenir de nos enfants imaginaires, condamnés à porter un nom en opposition flagrante avec la foi qui serait la leur, dans un monde où l'antisémitisme prenait un ton de virulence croissante.

Pendant des années, nous nous sommes tourmentés tous les deux sans trouver une issue. Nous avons longtemps souffert l'un comme l'autre, mais elle sans doute plus profondément, car elle était meilleure que moi, et son amour, comme je dus le constater plus tard à ma honte, était plus vrai et plus durable que le mien. Bien entendu, je n'ai jamais essayé d'ébranler ses convictions. Elle tentait toujours de découvrir de nouvelles voies permettant notre union. Elle me proposa un jour un mariage mystique, comme celui de saint François d'Assise et de sainte Claire, où la question des enfants ne se poserait plus. Mais nous n'étions pas des saints, ni elle ni moi. Il lui vint à l'idée, plus tard, qu'il était possible de connaître les joies du mariage tout en évitant la conception, mais elle repoussa bientôt d'elle-même cette suggestion contraire aux préceptes de l'Église catholique. Je me souviens d'un voyage que je fis à Saint-Maurice, au Valais, pour consulter dans un couvent un religieux en qui elle avait grande confiance. Tout fut en vain. A plusieurs reprises, nous prîmes la décision de rompre, et de ne plus penser à cette union impossible. Mais quand on est jeune et qu'on aime, la capacité de souffrir est presque illimitée. Nous nous retrouvions toujours après nos nombreuses ruptures, sans ignorer que les doux moments que nous passions ensemble seraient rachetés au centuple par nos tourments ultérieurs. J'ai reçu plus tard un cahier où elle m'écrivait des lettres pendant le temps où nous avions résolu de cesser notre correspondance, et ces lettres étaient pleines de bonté et de tendresse.

Je ne saurais dire combien dura cette torture. Toujours est-il qu'elle nous épuisa, car on ne peut pas vivre éternellement suspendu entre la joie et la détresse, entre l'espoir sans cesse renaissant, comme les herbes entre les pavés, et la désespérance s'infiltrant toujours plus loin dans les cœurs. Je ne voudrais pourtant pas effacer de ma vie ces années sombres et orageuses. Les beaux moments furent sans doute rares, mais si radieux qu'ils suffirent pour illuminer toute mon existence, pour me réchauffer encore maintenant le cœur, tout rabougri qu'il soit devenu. Une excursion de deux jours que nous fîmes à la Pentecôte dans le Jura neuchâtelois revient à ma mémoire… La montée par Noiraigue, l'arrivée sur le plateau dominant l'abîme vertigineux du Creux du Van, le ciel d'un bleu profond, la flore éblouissante des prairies, telle que je ne l'ai plus jamais rencontrée : je revois en pensée toutes ces merveilles. Il y avait les petites et les grandes gentianes, si aimées de Marie-Louise, les muguets formant de véritables plantations, les narcisses, les anémones, les sabots-de-Vénus, les myosotis parfumés, toute la gamme des fleurs alpestres. Nous nous promenions la main dans la main à travers ce paradis, jouissant profondément de ce bonheur doux et paisible. Nous passâmes la nuit à la ferme Robert, pour éviter les foules de la cabane Perrenoud, qui eut été plus confortable quoique plus bruyante. Le berger fut étonné de notre désir de dormir dans deux chambres, et il insista en vain pour nous engager à nous contenter d'une seule. Marie-Louise, lasse de la grande marche, se mit au lit la première, et je vins m'asseoir auprès d'elle pour lui faire la lecture jusqu'à ce que les paupières lui tombent de fatigue. Que la journée fut belle au grand soleil de mai, dans l'air vivifiant des hauteurs, au milieu des alpages en pleine floraison ! Si j'ai jamais cru voir la félicité de près, ce fut ce jour-là. Il nous fut dur, le lendemain, de quitter ce lieu de délices pour redescendre à Bevaix, d'où un train bondé nous ramena à Neuchâtel. Dans notre wagon, des jeunes gens émoustillés chantaient des chansons légères, et Marie-Louise, que le bonheur rendait sérieuse, me demanda de ne pas les entendre. Il y a plus d'un demi-siècle de cela, et je revois la scène comme si c'était hier, le compartiment assez mal éclairé, les étudiants entonnant leurs couplets grivois, et ma chère Marie-Louise blottie à mes côtés, si fine malgré ses grosses chaussures de montagne.

Il est doux, mais il est aussi douloureux d'évoquer de tels souvenirs, surtout quand ma conscience me reproche de n'avoir pas su empoigner et maintenir cette félicité trop haute pour moi. En parlant de ses qualités et de ses vertus, j'ai oublié de dire qu'elle était plus belle que jolie, avec des yeux bruns et profonds qui semblaient venir du fond de l'âme, de beaux cheveux châtains, des traits fins et réguliers, un teint rose et frais. Elle possédait aussi une intelligence pénétrante et cultivée, bien qu'elle s'appelât elle-même ma Bétah, comme pour m'inviter, sans y mettre de reproche, à ne pas laisser en moi le cerveau empiéter sur le cœur. Sa foi religieuse se reflétait dans toutes ses pensées et elle croyait au bonheur comme à l'existence de Dieu. Son espérance était plus ferme et plus tenace que la mienne. Elle avait une façon émouvante et têtue d'appeler de ses vœux ces lendemains qui nous échappaient. Je l'entends encore me dire, à un moment où je n'étais plus si sûr de notre bonheur : « Quand nous serons mariés, je voudrais que nous portions des chemises plutôt que des pyjamas. » Si l'on excepte les ruptures provisoires qui accidentèrent longtemps nos relations, après lesquelles nous revenions l'un à l'autre en dépit de tout, il n'y eut pas entre nous de séparation définitive. Sans nous l'avouer nous-mêmes, nous nous lassâmes à la longue de lutter contre une destinée adverse. Par la force des choses la ferveur de nos conversations et de nos lettres tiédit. Nous cessâmes de parler mariage. Notre amour se mua en une amitié tendre et affectueuse, où nous évitions les sujets trop brûlants. Je parle de cette décadence de nos sentiments au pluriel, et je devrais plutôt la mettre au singulier, car le cœur de Marie-Louise m'est toujours resté fidèle, tandis que le mien finit par vaciller. Je dois l'avouer, à ma grande vergogne. Elle m'avait donné, au temps de notre amour en fleur, un minuscule étui de sa fabrication, avec d'un côté sa photo, grande comme l'ongle, de l'autre une toute petite feuille de lierre. Le symbole disait clairement : « Je meurs où je m'attache », et la pauvre a tenu parole. Elle est morte trop tôt, ayant à peine dépassé la cinquantaine, et je me sens coupable de sa fin prématurée.

En 1962, le pape Paul VI eut l'excellente idée de rassembler à Rome un concile chargé d'étudier les nombreux problèmes agitant la Chrétienté. Le concile étudia avec attention tous les points où il lui parut possible de concilier – c'est le mot juste – la discipline séculaire de l'Église avec les exigences du temps présent. Il trouva entre autres que la vieille règle régissant les mariages mixtes était susceptible d'un amendement, et il décréta qu'il serait à l'avenir loisible aux prêtres de bénir une telle union sans exiger que les enfants qui en seraient issus adhèrent à la foi catholique. Eh bien, si le concile avait pu se réunir trente ans plus tôt – et qu'est-ce que trente ans dans l'histoire d'une Église bimillénaire ? – tout le cours de mon existence aurait été changé. J'aurais pu épouser ma chère, ma bonne Marie-Louise, et si j'avais pu, comme je le crois et l'espère, lui faire une vie plus douce et plus heureuse, elle ne serait pas morte si jeune, accablée de maux. Pauvre Marie-Louise, qui aimait tant la vie et qui croyait en ses promesses, elle reposait dans la tombe depuis des années quand le concile s'est ouvert.

Plus tard, trop tard, force me fut d'admettre que le doigt de la fatalité n'était pas le vrai responsable de notre échec – de mon échec. J'ai eu ensuite quelques occasions de constater autour de moi que des mariages mixtes, même entre juifs et catholiques, pouvaient ne pas donner lieu à conflit ; les enfants eux-mêmes, je pus m'en assurer, n'avaient pas à souffrir forcément, en pareil cas, de leur position ambiguë. Je me suis alors reproché de ne pas avoir laissé mon cœur balayer toutes les considérations adventices auxquelles mon peu de foi s'arrêtait, me privant d'un bonheur qui s'offrait enfin à ma portée, et dont tout prouve que je n'étais pas digne.

Revenu à Zurich après avoir abandonné mes voyages en Suisse romande, le métier de vendeur n'étant décidément pas ma partie, je devais faire la connaissance de la charmante petite Frieda. Auprès d'elle, la tentation me rendit infidèle à Marie-Louise, alors que j'avais cessé de croire à la possibilité de notre union. Mes rapports avec Frieda – un nom qui m'avait toujours plu et qui me rappelait ma première passion – s'établirent eux aussi selon une douce progression, après plusieurs rencontres fortuites. Elle était bien faite, avec un corps souple et gracieux, et son visage, sans être beau, était agréable à voir, gai et souriant, éclairé par des yeux d'un gris-vert indéfinissable, séduisants et prometteurs.

Elle était affligée de naissance d'un défaut corporel assez voyant et embarrassant : son bras droit se trouvait terminé, au lieu d'une main, par un moignon assez pénible à regarder. Cette difformité était un obstacle à l'attraction que cette jolie fille aurait pu exercer. Sans doute m'a-t-elle encouragé à m'approcher de Frieda, car malgré mes amours, mes pauvres amours, j'étais demeuré fort timide et je n'aurais peut-être pas osé m'attaquer à une beauté en possession de tous ses attraits. Je sus plus tard que ce défaut de conformation, sans être fréquent, n'était pas tellement rare, et qu'il était possible de le rendre moins ostensible à l'aide d'une prothèse. Frieda avait appris à se servir de sa main gauche pour tous les travaux et son caractère n'était pas de ceux qui s'accommodent volontiers des subterfuges. Elle était parvenue à s'habituer à son infirmité et ne se gênait pas pour faire en société des gestes de son bras droit, exhibant ainsi son malheureux moignon – qu'une autre qu'elle eût tout mis en œuvre pour dissimuler.

Comme je l'appris bientôt, elle était, à vingt-deux ans, déjà experte en amour. Elle avait eu plusieurs amis, candidats à la jouissance plutôt qu'à la passion. Élevée dans un milieu populaire, elle n'avait ni la délicatesse ni les scrupules de Marie-Louise, mais elle possédait un bon caractère, droit et paisible, qui avouait avec franchise un honnête penchant pour le plaisir. Elle était sensuelle, mais encore plus aimante, et comme toutes les femmes dignes de ce nom, elle était plus désireuse de tendresse que de volupté. Elle me fit bientôt comprendre que, pour elle, l'amour devait être un tout, où les sens et les sentiments trouvent leur satisfaction, et elle s'étonnait que nous ayons pu nous aimer si longtemps et avec tant de fougue, Marie-Louise et moi, tout en restant sages, selon l'expression consacrée. Elle fut mon initiatrice en amour charnel, et je lui en dois une grande reconnaissance, car je ne sais pas comment j'aurais pu, sans elle, vaincre en moi les obstacles qui m'empêchaient d'accéder au véritable abandon de l'amour. Comme Rousseau disait de Madame de Larnage, c'est à elle que je dois de n'être pas mort sans avoir connu le plaisir. Elle devint la maîtresse de mon cœur et de mon corps, et elle est restée l'unique femme qui me fit connaître les joies de l'amour complet, où l'âme et les sens participent à parts égales, et où l'étreinte des amants les remplit exactement l'un et l'autre de la même félicité, les soumet à une même explosion de bonheur.

Malgré l'ardeur de mon amour pour Frieda, je le dis ici à ma honte, je me refusais à l'envisager dans le rôle de future épouse. Son défaut corporel me faisait craindre d'éveiller la pitié de mon entourage – scrupule d'amour-propre qui n'est pas à mon honneur. J'en vins ainsi une fois de plus, au fil des mois et des années – car cet amour dura longtemps – à espacer nos rencontres pour qu'elle ne se sentît pas trop liée à moi. En dépit de toutes les joies qu'elle me prodiguait, je ressentais toujours une double vergogne : ma conscience me reprochait mon infidélité envers Marie-Louise dont l'amour restait inchangé, tandis que le mien virait sans bruit à l'amitié ; elle me montrait aussi du doigt l'égoïsme qui me poussait à profiter du bonheur dont Frieda me comblait, sans lui accorder la satisfaction du mariage auquel elle aspirait.

Je n'ai jamais eu la cruauté d'invoquer son défaut corporel comme cause de mon hésitation, mais peut-être avait-elle assez d'antennes pour placer d'elle-même cet argument tacite dans la balance, et en souffrir. Si elle s'était trouvée enceinte de mes œuvres, il est clair que j'aurais passé outre à mes appréhensions, mais la question ne se posa pas et ce fut tant mieux, car notre liberté à l'un comme à l'autre en aurait été meurtrie.

Entraînée par moi, elle était devenue une bonne alpiniste, et son infirmité ne l'empêchait pas d'être hardie et même téméraire. Nous faisions ensemble, de loin en loin, des excursions de deux jours, et ce fut à ces seules occasions que je pus passer des nuits entières à ses côtés. J'ai dit que je veillais à mettre le plus d'écart possible entre nos rendez-vous. Elle n'abusait pas de cette liberté que je lui laissais, même si son tempérament ardent la portait parfois à des passades qu'elle me confessait honnêtement et sans fausse honte. Cependant, de passade en passade, elle fit la connaissance d'un homme qui ne voulait pas seulement l'aimer mais qui était aussi disposé à l'épouser. C'était la première fois que Frieda, handicapée par sa difformité malgré tous ses attraits, recevait une telle offre, et cela méritait réflexion. Le candidat n'était certes pas l'idéal. Il était de quelques années plus jeune qu'elle, costaud et fort porté sur le sexe, ce qui n'était pas pour lui déplaire. Mais il semblait un peu grossier, surtout comparé à elle, et il avait quelques défauts, petits et grands, qu'il ne pouvait guère cacher, dont il promettait l'amendement. Elle hésita longuement. Elle consulta même une graphologue, qui voulut voir les trois écritures, celle du prétendant nommé Gody, celle de Frieda et la mienne. La magicienne scientifique conseilla à Frieda de me garder comme ami, même sans espoir d'hymen, plutôt que de s'embarquer dans une aventure matrimoniale, où elle prévoyait de graves dangers. Mais l'appât du mariage était trop fort pour la brave Frieda qui aspirait comme toutes les femmes au titre d'épouse. Bien entendu, je ne cherchai pas à l'influencer, même si je regrettais de perdre ses faveurs, qui depuis si longtemps embellissaient ma vie. Car je n'étais pas malheureux, au fond, de tranquilliser ma conscience, laquelle me reprochait de jouir en égoïste des plus belles années de Frieda en l'empêchant de fonder un foyer.

Comme je le craignais un peu en secret, le mariage ne fut pas heureux. La lune de miel ne dura que quelques semaines, et Gody oublia bientôt les promesses qu'il avait prodiguées. Il reprit sa vie de bâton de chaise, et la pauvre Frieda endura cette humiliation en silence. Sachant que Gody témoignait à mon égard d'une forte jalousie rétrospective, je ne voulais pas le justifier dans ce sentiment et me gardais d'avoir des rapports trop fréquents avec mon ancienne amie, tout en lui faisant sentir à l'occasion que je ne l'oubliais pas. Et puis, avec le temps, Gody lui-même s'amenda et Frieda put à la fin ne pas trop regretter son choix. Sa santé s'étant altérée, elle en vint à se féliciter d'avoir à ses côtés un mari demeuré robuste, capable d'assumer les travaux domestiques auxquels elle devait renoncer ; il allait aux provisions, faisait la cuisine et le ménage. Et il me fut alors donné de penser à elle, d'évoquer même la belle lumière de nos amours passées sans voir nos souvenirs communs ternis par l'ombre de mes remords.

Pour ne pas affliger Marie-Louise, par lâcheté aussi, car je craignais de devoir avouer ma honte, je lui avais caché mes relations avec Frieda. Mes deux amours me semblaient au reste de nature si différente que je n'hésitai pas à les proclamer incompatibles, ce qui était une autre façon d'apaiser ma conscience. Après la perte de Frieda, je me rencognai donc mieux que jamais dans ma solitude, bien résolu à ne point tenter avant longtemps ma chance auprès du beau sexe. Un ami, célibataire lui aussi sans être d'une sagesse exemplaire, me reprocha mon indifférence et s'efforça de me faire sortir de ma coquille. Ce fut grâce à lui que je fis la connaissance d'Eugénie, dont j'eus l'imprudence de faire mon épouse.

Elle avait laissé derrière elle la première jeunesse, mais elle était encore fraîche et bien conservée, avec un beau visage intelligent, des traits aristocratiques, une voix douce, un corps bien entraîné par le sport. Elle était plus fine et plus cultivée que Frieda, mais je ne pouvais pourtant pas la comparer à Marie-Louise, dont je n'avais pas oublié la douceur et le charme. Eugénie avait eu une vie assez pénible ; contrainte d'accepter un poste d'employée de banque, elle s'était forgée dans ce milieu brutal des façons pleines d'énergie, qui semblaient d'ailleurs en parfait accord avec son caractère très entier. Mon cœur resté longtemps en friche était encore capable de s'enflammer, bien que j'eusse atteint la cinquantaine ; et me voilà tombant amoureux de cette dame qui n'avait pas l'air d'être une conquête facile, et d'autant plus amoureux que le siège, justement, devait s'avérer long et malaisé. J'allai jusqu'à redonner du service à ma Muse, demeurée longtemps oisive, et me risquai même à changer de métier. On était vers le mitan des années cinquante et la prospérité venait de s'abattre sur le monde occidental. L'ami qui m'avait présenté Eugénie me proposa de collaborer avec lui à des tâches de comptabilité qui promettaient d'être assez lucratives, et c'est ainsi que j'acceptai cette nouvelle profession si contraire à mes goûts. Elle était toutefois stable, et Eugénie en profita pour me rappeler les promesses que je lui avais faites en vers et en prose, verbalement et par écrit. Inconstant comme un homme, j'avais entre-temps reconnu son caractère un peu difficile, et mon amour était en baisse. J'avais déjà peur de ce mariage, des personnes me le déconseillaient, mais je voulais rester un honnête homme, et les bans furent publiés.

Mes rapports intermittents avec Marie-Louise duraient encore, sur le pied d'une amitié cordiale et fidèle. Je crus qu'il serait malhonnête de ne pas lui faire part de mon mariage. Je le fis aussi diplomatiquement que possible, en émettant l'espoir que nous pourrions rester bons amis en dépit de mon changement d'état civil, qui ne devait affecter en rien mes sentiments affectueux. Elle me répondit avec tristesse et dignité, me priant de ne plus essayer d'avoir avec elle de lien quelconque, ni personnel, ni épistolaire. Cette réponse me fit une impression douloureuse. Je dus reconnaître à ma honte que Marie-Louise, plus constante que moi, était restée fidèle à notre grand amour, et que le choc que j'avais essayé d'amortir l'avait blessée. J'ai respecté sa volonté et je n'ai plus essayé de lui donner signe de vie, à une exception près. Deux ans plus tard, au cours d'une excursion dans les Alpes tessinoises, comme je passais à Isone, petit village perdu dont sa famille était originaire, je lui adressai une carte postale de salutation non signée. L'a-t-elle reçue ? Je l'ignore, car je n'ai plus rien entendu d'elle.

Mon mariage tardif et quelque peu forcé fut malheureux. Nous étions tous les deux trop mûrs, d'un caractère trop profondément formé par la vie pour pouvoir nous adapter l'un à l'autre. Il aurait fallu que l'un des deux cédât. Eugénie n'était pas disposée à le faire, et moi non plus. La lutte qu'elle avait dû mener pendant des années avec ses collègues masculins avait fait d'elle une féministe convaincue. Elle avait acquis là une aversion marquée contre les hommes, qu'elle avait trouvés en général brutaux et rapaces, et j'en subissais le contrecoup. Après une brève période de bonheur relatif et quelque peu instable, notre vie conjugale fut de plus en plus souvent troublée par des discussions acerbes, où les torts n'étaient pas que de son côté, tant s'en faut. Comme je l'ai déjà avoué, la médiocrité de mon existence m'avait fait contracter des habitudes d'économie, tandis que ma femme, sans être plus fortunée que moi, avait plutôt tendance à exiger en tout la meilleure qualité. S'ensuivaient entre nous de petits heurts qui n'auraient pas été graves s'ils n'avaient pas été envenimés par d'autres dissensions. Eugénie ne supportait pas l'affection que je vouais à ma mère, que je voyais trop souvent à son gré. Elle aurait voulu un mari pour elle toute seule, et mon attachement à ma famille lui semblait dérobé à l'amour exclusif que je lui devais. Elle avait toléré ces habitudes tant que sa propre mère avait vécu, car celle-ci, divorcée et solitaire, avait grand besoin d'elle, et je considérais comme tout à fait justifiées les visites quotidiennes qu'elle lui rendait. La vieille dame avait quelque sympathie pour moi, et elle exerçait sur sa fille, qui l'adorait, une influence modératrice et salutaire. Par malheur, cette mère mourut peu d'années après notre mariage. Eugénie fut très affligée par cette perte, qui contribua sans doute à lui faire trouver plus antipathique mon amour des miens. Nos disputes désormais dégénéraient en bouderies prolongées, et un silence opaque succéda aux habituelles prises de bec.

Ce fut elle qui demanda le divorce, et ce me fut d'abord un soulagement. Elle venait à l'audience bardée de fer, cuirassée de sa bonne conscience, armée de documents conservés depuis les premiers jours de nos relations. Son avocat, fort agressif et abondamment fourni de matériaux, déblatérait contre moi avec une verve inlassable, tandis que le mien, conciliant de nature et assez mal informé par mes soins, n'arrivait à placer que quelques mots ; la partie adverse parvint ainsi à accaparer les trois quarts de la première audience, et je revins du tribunal pour me mettre au lit avec 39 degrés de fièvre. Il se trouve que la tactique de mon épouse et de son défenseur se retourna ensuite contre elle : au cours de la seconde audience, nous eûmes tout le temps de réduire à rien les arguments qui nous étaient opposés, et l'arrangement amiable que la cour nous invita à conclure ne me fut pas trop défavorable. Je retournai dans la maison déserte, abattu et gravement malade. Par un raffinement de cruauté, Eugénie avait laissé sur une table, bien en évidence, l'album des poésies que je lui avais adressées au temps de mon amour florissant. J'en fus doublement humilié, comme mari et comme auteur.

Je n'avais pas oublié ma douce Marie-Louise et son image revint à moi plus forte au milieu de mon affliction. Je crus le moment venu de tenter un rapprochement. C'est alors que j'appris qu'elle était morte quelques années à peine après mon mariage. Ma tristesse s'accrut du remords d'avoir été en quelque sorte la cause de sa fin. On pourra voir là, de ma part, un signe de présomption. Je n'en fais pas moins l'aveu de cette pensée, que je ne puis parvenir à écarter et qui, loin d'être une consolation, me fut toujours une épine de souffrance. Ses dernières paroles avaient été : « Je meurs, et na... » Il m'est arrivé d'imaginer qu'elle était partie avec mon nom sur les lèvres. Je me sentais alors indigne de vivre, confondu devant la noblesse d'un tel cœur. Son amour avait été plus fort que la mort.

Les hommes, chez qui la vanité du sexe est une chose si bien admise, aiment à dire du mal des femmes, de leur légèreté, de leur inconstance. Songeant à Marie-Louise, je serais tenté d'affirmer que les femmes, quand elles sont bonnes, sont meilleures que nous ; de même qu'elles peuvent, et pour les mêmes raisons, se révéler pires que les hommes lorsque la méchanceté les tient. Que ce soit dans l'amour ou dans la vindicte, elles donnent presque toujours plus qu'elles ne reçoivent. Tandis que l'amour de l'homme, et aussi bien sa haine, sont en bonne part le fruit de son imagination : capables, tout comme elle, de se gonfler à la façon d'un ballon. Quand elle aime, la femme se donne tout entière, alors que l'homme garde toujours par-devers lui un morceau de territoire où il entend rester maître du jeu – même s'il lui faut reconnaître ensuite que cette souveraineté sournoise est elle aussi une illusion. Je suis honteux, je le répète, de n'avoir pas su apprécier l'amour de Marie-Louise, de m'être montré si peu capable d'y répondre, de ne pas l'avoir mérité.

L'envie n'est pas dans ma nature. Je ne regrette pas de n'être devenu ni riche, ni puissant, ni célèbre, d'avoir toujours vécu dans une position subalterne. Mais pour ce qui est de l'amour, ce centre obligé de toute biographie, force m'est de conclure à l'échec – et d'en souffrir. Ma vie sentimentale, je m'en rends compte, n'a été ni normale, ni exemplaire. J'envie, oui, avouons-le, j'envie les hommes qui connurent dès leur jeune âge la compagne élue, qui coulèrent à ses côtés tous les jours d'une vie tissée d'harmonie, jusqu'à ce que la mort fasse son œuvre de séparation. Lord Vansittard, longtemps esprit directeur de la diplomatie anglaise, semble avoir trouvé le bonheur dans le mariage, et notre Saint-Simon aussi. Tant mieux pour eux et pour elles ! Quant à moi, j'aurai deux fois laissé passer le bonheur qui se présentait, et il est clair que le Destin n'y est pour rien ; à moi seul la faute incombe. Que trouverai-je à répondre à la question du poète, que chacun est bien obligé un jour ou l'autre de se poser : « Dis, qu'as-tu fait, toi que voilà, de ta jeunesse ? » Mais je n'ai pas le droit de me plaindre et je ne me plains pas, étant l'unique cause de mes infortunes. Je me reproche seulement de n'avoir pas assez aimé – ce qui est le péché le moins pardonnable, comme j'ai eu l'imprudence de l'écrire tout à l'heure – et d'avoir peut-être tué une femme par la brutalité de mes paroles et de mes actes. Pourquoi avoir refusé de partager avec Marie-Louise cet amour charnel que je goûtais si fort auprès de Frieda ? Il est oiseux, je sais, de revenir sur ces occasions manquées qui sont la triste clé de toute existence humaine. Marie-Louise repose depuis longtemps sous sa froide couverture de terre, je suis un vieil homme désabusé de la vie et de l'amour.

Quand je pense à ce cœur, pauvre cœur qui doit, outre ses fonctions physiologiques déjà si absorbantes, aimer, aimer quand même, aimer toujours, car il ne pourrait cesser d'aimer sans cesser de vivre, je me demande comment il parvient à ne pas succomber à la tâche. D'autant que sa besogne, dans l'ordre du sentiment en tout cas, l'expose à bien des coups…

Je pouvais avoir une dizaine d'années et je portais allègrement, avec ces deux lustres, mon col marin et mes culottes courtes. Nous allions ce jour-là, toute la famille en corps, rendre visite à une amie de ma mère, une vieille dame qui avait connu le Second Empire, et pensait avec nostalgie à ces temps bénis du ciel. Elle habitait Ézanville, près d'Écouen, où le train nous apporta. C'était une chaude après-midi d'été. La grand-place, pavée de grès et entourée de petites maisons, semblait écrasée sous le soleil. Il n'y avait personne pour nous renseigner. Les bons bourgeois faisaient la sieste et les ménagères, sous d'invisibles tonnelles, devaient jouir d'un repos mérité. Sous les acacias qui distribuaient une ombre parcimonieuse, des petites filles dansaient la ronde. Leurs corps graciles se balançaient comme en rêve, et leurs robes blanches, roses ou bleu ciel piquaient de taches claires la pénombre du couvert. Leurs voix acidulées, comme un vin qui n'a pas pris encore tout son corps, nous parvenaient par bouffées à travers la place déserte. Elles chantaient !

Mon p'tit prince, si tu crois que j't'aime !
Mon p'tit cœur n'est pas fait pour toi,
Il est fait pour celui que j'aime,
Et non pour celui que j'n'aime pas !

Je ne sais pourquoi cette chanson enfantine, que je n'ai plus entendue depuis lors, m'est restée en mémoire, paroles et musique. Me frappe toujours, chaque fois que je viens à la fredonner, l'insistance cruelle avec laquelle on signifie au petit prince éconduit qu'on ne veut pas de lui. Cette manière de retourner le couteau dans la plaie me paraît exprimer toute l'indifférence impitoyable du beau sexe à l'heure où il se flatte de n'aimer point. Nul doute, l'auteur de cette pauvre rengaine avait sondé le cœur des belles inhumaines.

C'est sur l'air de cette chanson que j'évoquerai mon ultime aventure sentimentale. C'était une des périodes les plus sinistres de mon existence. Des souffrances morales et physiques m'avaient assailli coup sur coup. Le divorce m'avait séparé d'une femme qui m'avait fait enrager pendant des années, mais son éloignement soudain avait beau m'être une bénédiction, certaines images que je gardais d'elle, par une illusion d'optique hélas courante, continuaient de m'obséder avec une acuité douloureuse. Je venais de subir l'opération de la prostate et j'en étais revenu affaibli, démoralisé et presque asexué. C'est alors, au cours d'une promenade solitaire et mélancolique de fin d'automne, que mon chemin croisa celui de Paulette. Je la connaissais depuis longtemps ; elle avait été modéliste dans une fabrique de confection où je venais tenir les livres deux fois par semaine. Bien qu'ayant en commun avec elle l'amour de la montagne, je n'avais jamais tenté de l'approcher : elle portait un nom de femme mariée et je me trouvais moi-même, à l'époque, sous le joug conjugal. Ce jour-là, elle était seule, et je n'eus pas scrupule à m'attarder auprès d'elle pour faire un instant de causette. J'appris qu'elle avait quitté la fabrique plusieurs années auparavant ; elle était divorcée et vivait seule, et le divorce avait été pour elle aussi une grave crise physique et morale. Voyant le doigt de la Providence dans ce parallélisme inattendu de nos deux itinéraires, je mis tout mon zèle à la revoir et nous devînmes bons amis. Son heureux caractère, sa joie de vivre me changeaient agréablement des récriminations de mon ancienne épouse. Elle n'avait, il est vrai, ni la distinction, ni la culture d'Eugénie, mais je sortais d'en prendre, et je me disais qu'une humeur égale et un naturel souriant valaient bien l'art de toucher le piano et de lever le petit doigt en prenant le thé. La familiarité aidant, elle me fit entrevoir qu'elle ne nourrissait pas d'antipathie spéciale pour les hommes au pluriel, ni pour moi au singulier. L'expérience aurait dû me rendre prudent, mais il en va ainsi du malheur, qu'il vous pousse à prendre contre lui d'inutiles revanches. Mon désir était aiguillonné. Comparant Paulette à Eugénie, je voyais mille raisons de me persuader que tout irait au mieux. Paulette, de son côté, se montrait gentille et presque affectueuse. Trompée par mon aspect encore vert, elle m'avait cru plus jeune, et ne se gênait pas pour déclarer que je n'étais pas son genre, ce que j'entendais comme une boutade. J'aurais dû mieux prêter l'oreille à ses observations critiques : mon élégance vestimentaire laissait à désirer… j'étais aussi sociable qu'un ours… Je préférais noter les points d'accord qui existaient entre nous. Sous une écorce rugueuse, elle avait conservé une fibre poétique, la petite fleur bleue du romantisme. Un jour que je la félicitais, sans la flatter, de sa bonne mine et de son corps demeuré à cinquante ans passés gracieux et presque juvénile, je l'entendis répondre : « Quand j'étais jeune, j'avais l'air d'être la vie en fleur » – sur le même ton tranquille qu'elle eût dit : « A vingt ans, je pesais cinquante-deux kilos. »

Nous fîmes ensemble plusieurs courses en montagne fort réussies, et quelques promenades dominicales qui le furent moins. Nos rencontres n'étaient pas trop fréquentes : j'y veillais, ou croyais y veiller. Je craignais de l'accaparer, je redoutais aussi de trop m'engager. Nous prenions souvent des repas ensemble, chez elle ou chez moi, parfois au restaurant, et je fus heureux de relever que nous partagions le même goût pour la bonne cuisine bourgeoise et le châteauneuf-du-pape. Je ne retrouvais toutefois plus cette marée montante de bonheur que je ressentais jadis quand un amour naissant avait la joie de s'épanouir et de se sentir partagé. Je ne pouvais pas me le dissimuler, je n'avais plus vingt ans, ni même quarante. Mon cœur seul était demeuré plus jeune que moi, et aspirait encore à ce bonheur que j'avais laissé échapper et que je ne pouvais plus reconquérir. Malheureusement, l'homme est ainsi fait qu'il espère toujours trouver quelque chose dans la boîte de Pandore lors même qu'elle est vide. Mon erreur fondamentale, inévitable comme toutes les grandes méprises parce qu'elle découlait de ma nature même, fut de trop laisser voir à Paulette le besoin de tendresse dont j'étais tourmenté. Elle s'aperçut bientôt qu'elle avait barre sur moi, car les femmes ont des antennes très fines à cet égard.

Cette erreur stratégique, je l'avais aussi commise en faisant la cour à Eugénie. J'ai plaisir à disséquer maintenant mes illusions et mes déboires, et j'observe avec curiosité comment une faute identique, venue modifier mes rapports avec deux personnes foncièrement différentes, avait eu chaque fois des conséquences désastreuses, quoique de nature fort diverse. Eugénie, froide et sans passion, s'était laissée conquérir par mes prévenances et ma ténacité, par le plaisir de se sentir aimée d'amour à un moment où sa raison avait déjà renoncé à Cupidon. Cette femme respectable avait pris au pied de la lettre mes protestations d'amour exagérées, lesquelles étaient pourtant sincères. Elle crut dur comme fer que je resterais toujours le ver de terre amoureux d'une étoile. Elle fut désappointée, puis scandalisée et furieuse de constater que je ne demeurerais pas éternellement son homme-lige. La logique ayant toujours été son fort, elle en conclut que j'avais de prime abord simulé la passion. Ainsi mon excès d'amour, ou plutôt mon imprudence à découvrir trop vite à ses yeux la réalité de cet amour, fut la cause de ma déconvenue. Avec Paulette, la même erreur de tactique eut des suites bien différentes. C'était un diamant brut, une nature un peu fruste. Elle m'avait accepté sous bénéfice d'inventaire, me faisant sentir qu'elle m'accordait une grande faveur en ne me refusant point dès l'abord. Mes attentions, l'agréable sensation de se sentir aimée, les compliments que je lui faisais sur sa grâce encore juvénile, tout cela contribua à lui redonner confiance en ses charmes. De là naquit bientôt le désir d'en faire l'essai sur des objets plus appropriés et plus dignes. Elle m'avait gardé un temps faute de mieux ; sitôt qu'elle se vit pourvue par ailleurs, elle me laissa tomber avec un bruit métallique. Une fois de plus, la chaleur excessive de mes élans avait été l'instrument dont la destinée s'était servie pour me faire choir de mon perchoir.

Cette déception fut loin d'égaler les précédentes. Ce fut quand même un coup très dur. Car elle s'ingénia à me donner mon congé avec une brutalité dont je n'ai toujours pas fini de m'étonner, songeant à toutes ces heures que nous avions partagées dans la clarté, et peut-être dans le bonheur. Oserai-je raconter – je m'en sens honteux pour elle, et même un peu pour moi – que la croisant plus tard dans la rue, j'eus la stupéfaction de la voir détourner la tête pour n'avoir pas à me rendre mon salut ? A l'instant de la rupture, sans doute pour prévenir toute nouvelle tentative de ma part, elle avait tenu à m'écrire une longue lettre où elle énumérait, avec une précision chirurgicale, les nombreuses et importantes raisons qui lui commandaient de m'éconduire. Mais le petit prince de la chanson, après tout, était peut-être aussi coupable que moi de se faire ainsi traiter.

Telles sont les voies qui m'ont mené, fort tard, à une abstention où n'entre, j'en ai peur, que bien peu de sapience. La beauté féminine émeut toujours mon vieux cœur. Mais voilà longtemps que je me suis interdit auprès du beau sexe toute avance pouvant donner lieu à quelque suite que ce soit. Une femme venait-elle à arrêter mon regard, je me disais – et je me dis encore, quoique le débat à mon âge présent ne soit plus de saison : « Je me suis passé des autres, je me passerai aussi de celle-là. »

Il est juste, il est normal, il est inévitable qu'une femme désireuse de se débarrasser d'une affection qu'elle ne partage pas se montre plus dure qu'il n'est besoin. Craignant de n'être pas assez bien entendue, et de voir l'amoureux congédié s'entêter dans ses rêves au risque d'en souffrir un peu plus encore, elle aura tendance à exagérer dans le sens de la violence. Elle frappe donc plus fort afin de faire moins mal. Bien entendu, si à part le désir de faire cesser des assiduités dont elle est lasse, elle est mue par l'éveil d'un nouvel amour dont elle ne veut pas se laisser distraire, elle sera contrainte de cogner encore plus vigoureusement. L'autre aurait dû comprendre à demi-mot, et ne pas forcer une faible femme à lui donner, si je puis m'exprimer ainsi, le coup de pied de l'âme.

« Pour le sage, le bonheur et le malheur sont comme la main droite et la main gauche ; il sait se servir des deux. » Je ne sais d'où j'ai tiré cette belle parole de sainte Catherine de Sienne, qui traîne depuis un demi-siècle et plus dans ma cervelle. Mais après avoir détaillé, trop longuement peut-être, mes malheurs conjugaux et illégitimes, je dois reconnaître, l'oreille basse, que je n'ai guère su tirer parti de cette maxime. Il est plus agréable et plus facile d'enseigner la morale aux autres que de la pratiquer soi-même. Supposons donc, il n'en coûte pas grand-chose, que notre expérience pourra être de quelque fruit à notre prochain…

Quelle que soit leur opinion au sujet de l'argent, les hommes persistent à croire que la femme fait le bonheur. Il faut être très audacieux pour combattre une opinion si fermement assise qu'on pourrait presque la considérer comme couchée. D'autant que le Français, né malin, ne manquerait pas d'insinuer : « Les raisins sont trop verts, et le raisonneur est trop mûr. » Il n'y a rien qui rende l'homme si ridicule que l'insuccès constant auprès du beau sexe. L'amoureux transi est méprisé de tous, des femmes encore plus que des hommes. Le cocu, marié ou célibataire, fait la matière de toute comédie et de mainte farce. Quant à l'impuissant, le mépris qu'il inspire s'élève à la hauteur de la tragédie. Mais l'âge, justement, me met désormais à l'abri de ces moqueries institutionnelles. J'ai passé l'heure des amours, et je peux en parler à mon aise. Je n'ai brillé ni par le nombre ni par le succès de mes aventures érotiques, mais précisément parce qu'elles furent rares, j'ai eu le temps de les méditer, d'en extraire des conclusions et presque une morale.

En faisant mon examen de conscience pour découvrir les raisons de ma mauvaise fortune auprès des femmes, je dois veiller à ne pas tomber dans l'erreur commune : ne pas voir la poutre qui me perce l'œil. Un déboire isolé peut-être l'effet du hasard, deux ou trois insuccès seront attribués à la malchance, mais quand les déconvenues s'accumulent, diverses dans leurs péripéties mais semblables dans leur essence, force nous est de reconnaître que la cause est en nous, et non ailleurs. Tournant et retournant en tous sens les motifs de mon infortune, je suis parvenu, m'a-t-il semblé, à en déceler le principe – ou ce qu'il me plaît de croire tel. Je n'en suis pas plus fier. En dépit des assurances du poète, savoir la raison des choses ne rend pas toujours heureux.

D'abord, cette précaution : la loi que j'oserai soumettre ici au jugement du lecteur est du domaine de l'humain, c'est-à-dire sujette à caution. L'homme, nous le savons depuis Montaigne, est un être si mobile, ondoyant et divers qu'il est impossible d'énoncer à son égard une proposition qui soit tout à fait juste ou tout à fait fausse. C'est pourquoi les lois humaines sont variables et incertaines, incapables de nous satisfaire à la longue. Essayons d'exposer la mienne avec toute la brièveté possible : « La quantité d'amour susceptible d'exister entre deux êtres humains est constante. » Je crains d'être devenu obscur en visant trop à la concision ; tâchons de nous expliquer. Si un homme et une femme s'aiment, une recrudescence d'amour chez l'un entraînera nécessairement une diminution d'amour chez l'autre. Dans ses souvenirs, Legouvé décrit le ménage Berlioz-Smithson, dont il était l'ami intime : « Malheureusement, il en est souvent d'un mari et d'une femme comme des deux plateaux d'une balance ; quand l'un monte, l'autre descend. A mesure que le thermomètre Smithson s'élevait, le thermomètre Berlioz baissait. » Cette proposition semble heurter de front quelques idées reçues. Quand deux personnes s'aiment, elles estiment que ce sentiment peut être renforcé de façon indéfinie, comme si l'amour était extensible de nature. On l'a toujours cru et on le croira sans doute longtemps, car l'homme est de glace aux vérités. Plutôt que d'imaginer les liens du cœur sous la forme d'un ruban élastique, auquel on peut donner de la longueur par simple traction, j'engagerai à les considérer comme une chaîne de platine iridié, non pas pour la solidité, ah fichtre non ! mais parce que son envergure reste quoi qu'il arrive invariable.

A tort ou à raison, je me persuade que mon axiome, qui ne se laisse pas prouver par raison démonstrative, et que vient corroborer comme il se doit une foule d'exceptions, contribuera autour de moi à augmenter la félicité ou à diminuer les mécomptes que l'amour entraîne à sa suite. Je l'ai produit trop tard pour en tirer profit moi-même, et l'on appréciera d'autant plus le désintéressement qui me porte à en faire bénéficier les générations futures.

Fort de cette loi à laquelle je ne chercherai même pas à attacher mon nom, l'aimable lecteur veillera à ne demander à l'amour que ce qu'il peut donner. Mon mauvais exemple, je veux croire, lui aura servi de leçon. Qu'il daigne enfin considérer, au rebours de ce que lui content les magazines, que la femme n'est peut-être pas l'unique vecteur de ce qu'on appelle le bonheur. Je sais bien que depuis des millénaires, les poètes, les romanciers, les législateurs et les tenanciers de bordel s'ingénient à clamer le contraire, et que cette bourde grossière continue d'être avalée à grand renfort d'applaudissements par les foules abusées. On se souvient du fameux proverbe arabe : « Le bonheur de l'homme est dans les bras d'une femme, ou sur le dos d'un cheval. » C'est, j'en ai bien peur, un bruit que font courir les femmes et les chevaux.

FORTUNE

Quand j'étais jeune, je vivais dans un monde de mandarins. L'expérience et la vieillesse étaient à la mode, et les adolescents, s'ils voulaient être acceptés, même à titre d'essai, devaient se montrer bien sages et très modestes. Cinquante ans et plus ont passé, deux guerres mondiales nous ont submergés, et une révolution totale s'est accomplie dans les mœurs. On nous avait enseigné la patience : l'heure viendrait, nous assurait-on, où nous pourrions à notre tour, nos preuves faites à force de temps, accéder à la considération et, qui sait ? au pouvoir et aux honneurs. Comme tous ceux de ma génération, j'ai attendu cette heure bénie du mitan de la vie où le bon ouvrier, parvenu au faîte de son art, a enfin le droit de goûter aux douceurs de l'âge et au respect de ses voisins de palier. J'attends toujours. La révolution que je viens de dire a balayé gaiement mes beaux espoirs et ceux de tous les garçons de mon âge qui eurent le tort de durer un peu plus qu'il n'est décent.

Je venais de toucher au havre de la cinquantaine quand j'ai vu déferler sur notre vieille Europe le raz-de-marée d'une prospérité sans précédent, moins cruel assurément mais non moins dévastateur que les guerres qui l'avaient préparé. Les valeurs de la consommation se voyaient presque du jour au lendemain portées aux nues, escortées par toute une procession de vilains mots qui n'ont cessé depuis lors de faire rêver les foules : rentabilité, besoin d'innovation, efficience, productivité. L'homme de la situation, et pour tout dire l'homme de l'avenir, ce serait désormais le gestionnaire. Des politiciens et des journalistes qui, par une drôle de superstition, se flattaient d'être en avance sur leur temps, composaient à l'intention des consommateurs de demain des livres prometteurs de mille merveilles plus ou moins américaines, appelées à faire le bonheur des « masses » – ainsi que l'on dit joliment. Et ils brossaient de cet homme nouveau un portrait étincelant où ceux de mon âge, engoncés dans leur costume gris, étaient bien en peine de se reconnaître. D'abord, cet homme de demain était jeune ; et sitôt aux commandes du navire, ils s'employait à faire comprendre aux vieux matelots dont j'étais qu'ils eussent à céder promptement la place. Bref, j'avais été jeune à une époque où l'on n'estimait que les vieux, et j'accédais à la vieillesse à l'heure où les jeunes s'emparaient du gouvernail.

Cette révolution est sans doute la plus radicale de celles qu'il nous a fallu vivre bon gré mal gré depuis la Belle Époque, dans la mesure où elle met fin à un système de valeurs millénaires. Jusqu'au début de ce siècle, au temps de la belle ouvrage, on avait grande estime pour la conscience et l'expérience de l'homme laborieux. Ces vertus n'ont plus cours dans un monde où la technique est reine. On demande à présent à l'ouvrier, à la caissière de supermarché, au banquier même, d'être d'abord capables de s'initier en peu de temps au maniement de machines et de procédés nouveaux, lesquels seront bientôt appelés à être supplantés par d'autres, plus « performants », c'est-à-dire plus rapides encore. Dans cette course où seule compte la vitesse, la jeunesse a la partie belle. Un adolescent apprend en quelques jours à conduire une voiture, tandis que le barbon qui se décide sur le tard à connaître les joies du volant doit suer sang et eau avant de tenir à peu près sa route, sous les sifflets réprobateurs de la classe montante. Le conflit entre les générations est sans doute aussi vieux que la génération elle-même, mais l'accélération du mouvement de tout, qui est le signe de notre époque, lui confère brusquement un autre contenu. Jusqu'ici, l'aimable reproche que le fils tourné vers l'avenir pouvait adresser au père, conservateur des habitudes anciennes, ne signifiait pas entre eux rupture, mais changement dans la continuité – pour reprendre une formule qui fit naguère les beaux soirs de la politique. Aujourd'hui, force est au père comme au fils de constater qu'il leur faudra, en peu d'années, habiter deux mondes différents entre lesquels n'existent plus, bien souvent, que d'incertaines passerelles. Les hommes d'âge mûr tentent comme ils peuvent d'exorciser cette malédiction en faisant de touchants efforts pour « rester jeunes » ; au lieu que les étudiants de mon époque s'ingéniaient par mille moyens à ressembler à des « messieurs ». Le patron sur le retour consacre les premières heures de sa matinée à courir en petite tenue dans les jardins publics ; ses rares vacances, il les passe la raquette à la main ou des skis aux pieds, enregistrant ses performances avec une joie d'enfant. Car le sport, et l'alpinisme en particulier (la seule discipline sportive qu'il m'ait été donné de pratiquer), est devenu lui-même affaire de technique et de vitesse, plutôt que de plaisir et d'amateurisme insouciant.

Pendant la Grande guerre, alors que les routes et mon porte-monnaie étaient pareillement vides, j'ai eu la bonne fortune de pouvoir accomplir cent randonnées merveilleuses à travers les plus beaux cantons de la Suisse, et je trouvais à ces modestes dépaysements des attraits dont je ne parvenais pas à me lasser. Nous partions de grand matin, franchissions un col ou deux, et allions dormir dans des granges ou dans des auberges d'une modestie proportionnée à nos moyens. Un jour, par une aubaine inouïe, il nous fut permis de ramener à la ville une motte de beurre tout frais, enveloppée dans un linge humide. La conquête de ce simple trésor m'élevait, par les vertus de l'imagination, aux mêmes hauteurs que l'explorateur convoyant jusqu'au Muséum la précieuse statuette arrachée aux sables du désert. Les jeunes d'aujourd'hui, nantis comme ils sont de bottes de sept lieues, auraient beau jeu de moquer ces médiocres plaisirs qui nous paraissaient si grands.

Je ne suis pourtant pas sûr qu'à arpenter en ses derniers recoins un monde qui partout tend à s'uniformiser, ils aient gagné au change. L'espace où ils se meuvent a rétréci en exacte proportion de leur aptitude à brûler les étapes, et l'on ne peut que compatir à leur déception lorsqu'il leur faut bien constater, après avoir franchi autant de fuseaux horaires que feu Marco Polo, que Singapour ressemble comme une sœur à Genève.

On serait désorienté à moins, et tout donne à penser en effet que les vieilles boussoles qui aidaient des gens à ne pas trop perdre le nord ne sont plus guère d'utilité dans un univers où l'ici et l'ailleurs sont de mieux en mieux interchangeables ; comme seront bientôt interchangeables ces êtres issus de nulle part et qui auront tété, d'un bout à l'autre de la terre, les mêmes sous-produits d'une culture qui entend viser, chez ceux qui la consomment en toute innocence, le plus bas commun dénominateur. Le bien-être franchement pathologique où se complait depuis trente ans la société occidentale – et où rêve de se vautrer le reste du monde en attendant d'en avoir fini avec une misère qui a encore de beaux jours devant elle – n'a pas été acheté sans contrepartie : richesse accrue pour les uns, calamités nouvelles pour les autres, mais pour tous une inflation de mirages qui sont autant d'atteintes sournoises à la liberté d'être au singulier.

S'il en est ainsi, nous assistons non pas à une simple révolution sociale, mais à une véritable mutation de l'espèce – qu'on me pardonne ces grands mots. On sait du reste qu'au physique, pour ne rien dire du moral, l'homme a plus changé en un demi-siècle de temps qu'au cours des deux millénaires et quelques siècles qui nous séparent de Phidias. Nous sommes encore trop au milieu du bouleversement pour en pouvoir prédire l'issue ; mais il semble évident que l'homme nouveau qui est en train de naître au milieu des guerres, du chaos politique et économique, et de cette violence quotidienne qui fascine les enfants des riches comme ceux des pauvres, sera plus fort, plus dur, moins sensible aux humbles choses patinées par l'usage et le temps. Il sera un adorateur de la technique en ses précaires avatars, de la mode en ses changements incessants, du mouvement, du bruit. Il brûlera les trop sages idoles au pied desquelles nous avons fait fumer notre encens désuet. Il prendra en tout le contre-pied de nos vieux rêves, et la seule concession qu'il voudra bien nous accorder, si les places ne sont pas trop chères, sera une concession à perpétuité.

Jamais la jeunesse n'a joui d'un tel prestige, et il est de bonne guerre qu'elle en use et abuse. Et que sera-ce demain, dans nos contrées exténuées par l'abondance, où les pâles vieillards de mon âge formeront le gros de la troupe, confinés dans leurs mouroirs climatisés, loin de toute vie active, frappés du sceau honteux de l'inutilité, et tenus en juste mépris par l'oligarchie des nouveaux gestionnaires à la carrure avantageuse, bronzés tout au long de l'année, débordant de vitamines et de dédain. Conscients d'avoir le vent en poupe, les jeunes acceptent les avantages qui leur sont offerts par l'époque comme autant d'acomptes sur la primauté sans partage qui leur est promise pour bientôt. Chaque nouveau succès les rend plus exigeants, plus impatients de secouer la tutelle des aînés. D'autant que les transfuges ne manquent pas dans le camp adverse, prêts à toutes les simagrées pour qu'on les dise « jeunes d'esprit » et flattant sans vergogne l'adolescence pour mieux s'insinuer dans ses rangs – mais il n'est pas si facile aux hommes d'âge mûr de se faire passer pour des « jeunes », ces derniers, jaloux des privilèges de leur âge, se faisant un malin plaisir de prévenir toute confusion en soulignant à grand renfort de signes extérieurs provocants leur différence irréductible.

Gorer a montré dans son analyse de l'Américain – qui reste, le cinéma et la télévision aidant, le modèle absolu de nos chères têtes blondes – comment ce peuple d'immigrants jetés du jour au lendemain dans l'aventure industrielle avait développé un nouveau type de rapports entre les générations. Les fils nés aux États-Unis marquaient d'emblée un point contre leurs pères, encore empêtrés dans leurs habitudes européennes ; et ces derniers, conscients de leur infériorité, avaient tendance à vouer à leurs enfants un respect presque craintif, lequel n'était guère payé de retour. Incidemment, la mère étant, pour des raisons psychologiques et sentimentales évidentes, moins méprisée que le père, une manière de matriarcat en était venu à s'instaurer, renforcé par cette image idéalisée de la femme triomphante que la publicité ne devait pas tarder à imposer. Pour des raisons différentes, quoique parallèles, il en allait de même dans les pays à gouvernement autoritaire, qu'ils fussent d'obédience fasciste ou communiste, où la jeune génération, moins suspecte d'attachement aux valeurs honnies du passé, se voyait de bonne heure caressée dans le sens du poil, afin d'être plus sûrement embrigadée.

Placée au confluent des vents tumultueux soufflant d'orient et d'occident, l'Europe peine à maintenir debout les derniers débris de son indépendance spirituelle. Une étrange servilité face aux prescriptions les plus aberrantes de la mode s'y est développée dans toutes les couches de la jeunesse – et nos sages campagnes elles-mêmes, naguère vouées aux paisibles divertissements chantés par Virgile, suivent comme elles peuvent le mouvement. Cette soumission empressée à la vulgarité ambiante, qui se donne par antiphrase les airs de la distinction, a toujours révulsé le vieil anarchiste qui sommeille en moi. Comme me hérisse le poil ce monde de la production où l'acte créateur en est venu à s'effacer, où le travail se réduit à une gesticulation mécanique, où le pain est fabriqué industriellement, c'est-à-dire fabriqué par personne. Et j'en arrive à comprendre l'indolence affichée par ces gamins chevelus qui ont visiblement en horreur toute sorte d'effort, puisque le fruit même de cet effort, et qui en est, dit-on, la première récompense, est devenu une abstraction. Mon seul espoir est de constater que, la pilule aidant, leur nonchalance les dissuade de se reproduire comme faisaient nos pères, ce qui risque de mettre un frein à ce pullulement d'humanité dont tant souffre notre planète et, qui sait ? de ralentir un jour prochain et peut-être d'enrayer pour jamais cet affreux cancer auquel nous avons l'outrecuidance de donner le nom de progrès. Car la nature des choses est plus forte que la perversité humaine et saura bien, quelque jour, rétablir d'un vigoureux coup de patte cet équilibre que nous avons imprudemment rompu – le malheur est que ce retour à la mesure ne se fera pas, tout donne à le prévoir, sans grincements de dents.

Qu'on ne se méprenne pas sur mon amertume. Je ne reproche pas à la jeunesse d'être ce qu'elle est, mais j'en veux à mes contemporains de n'avoir su limiter l'ancien pouvoir dévolu aux gérontes (et dont ces derniers usaient parfois, c'est vrai, en tout abus et impunité) qu'en instaurant un autre pouvoir tout aussi injuste et exclusif. Quoi qu'il en soit, le mal est fait, et mieux vaut s'accommoder avec sagesse du nouvel ordre imposé par cette météorologie capricieuse qu'on appelle l'Histoire.

Du reste, je me demande parfois, quand je me surprends à conspuer la jeunesse, si un peu d'envie ne se glisse pas dans l'impeccable ciment de mes arguments. Il y a cent ans, en des temps que je me plais à rêver plus heureux que le mien, Georges Feydeau clamait déjà : « Les jeunes ne valent rien. La nouvelle génération est affreuse ! » Et il ajoutait, mélancolique : « Je voudrais bien en faire partie… »

Fortifié par la potion amère des pages qui précèdent, le lecteur sait déjà quelle est la première clé de la fortune : la jeunesse, qui n'est pas comme on l'a cru longtemps un état transitoire, mais bien une marchandise qu'on peut se procurer à tout âge en fréquentant les boutiques excentriques, les instituts de beauté et les plages à la mode, en lisant les livres « dont on parle », et en répétant dans les dîners où l'on cause les propos remarquables entendus à la télévision – cette encyclopédie si commode, qui eût enchanté Bouvard et Pécuchet s'ils avaient eu la chance d'en disposer. Car il n'est jamais bon de faire étalage d'un savoir qui pourrait être personnel : votre interlocuteur pourrait s'en vexer, au lieu qu'il sera flatté et vous saura gré de retrouver sur vos lèvres tel propos cent fois entendu auprès de ces journalistes « qui vous rendent si intelligents », et qu'il aura eu le temps de s'approprier avec la meilleure foi du monde.

Mais le lecteur, personnage exigeant et qui mérite assurément tous les égards, ne saurait se contenter d'une seule clé. Il est vrai que le prétendant au succès, et mieux encore à la fortune, a besoin d'un trousseau assez fourni pour s'ouvrir toutes les portes auxquelles il ne manquera pas de se cogner le nez ; et parmi celles-ci, je songe bien sûr au portail doré, mais bien gardé, du monde du travail – un monde où, pour ce qui me concerne, je n'ai jamais eu accès que par le portillon de service.

Au temps où j'employais mes humbles compétences dans une maison de soieries, j'avais pu observer l'admirable manège d'un employé placé un peu plus haut que moi et qui à l'évidence se préparait un bel avenir. Il avait trouvé pour entrer dans les bonnes grâces du maître de céans une méthode fort simple, accessible même aux intelligences les plus bornées. Tout le long de la sainte journée, il n'en fichait, sauf votre respect, pas une secousse, mais le soir venu, alors que ses collègues allaient se laver les mains et secouaient de leurs pieds la poussière du bureau, il commençait à déployer une activité bourdonnante. Lui revenait soudain en mémoire tel ouvrage qu'on avait négligé de mettre en chantier, et il ordonnait à l'un de ses subordonnés de s'y atteler sans attendre ; il dictait des lettres restées en souffrance depuis des semaines, et se démenait par toute la maison avec une célérité et une nervosité subtilement ostentatoires – car point trop n'en faut. Bref, on ne voyait plus que lui, et le patron émerveillé pouvait mesurer en un instant et son zèle et son désir de prêter la main à la bonne marche de la maison, en même temps que la générosité qui le poussait à faire des heures supplémentaires sans y être requis – et, qui plus est, à en exiger autant de ses subalternes.

Le maître de la maison se laisse toujours prendre à ce jeu. Le patron est, de naissance ou par habitude, un homme qui ne sait pas travailler, et il est par conséquent hors d'état d'apprécier le travail des autres. Il ne sait guère évaluer l'ouvrage fourni autrement que par la longueur du temps utilisé pour l'accomplir. Comme le chef, animal moins diurne que ses subordonnés, vient volontiers tard le matin au bureau, le meilleur moyen de lui faire la cour est de s'attarder complaisamment à ses côtés le soir. En outre, l'employé que son ardeur invincible incite à rallonger ses heures de travail – ou de présence – a ainsi l'occasion d'accéder à l'intimité du maître, ce qui est un privilège de la plus haute utilité. Je ne veux pas insinuer par là qu'il pourrait en profiter pour orienter les préférences du grand manitou, voire pour colporter des histoires désobligeantes sur ses collègues, mais il en aurait certainement la possibilité, même si la droiture bien connue de son caractère réduit à l'absurde une telle supposition.

Il y a plus. C'est en prodiguant les heures supplémentaires pour se faire bien voir du patron, en témoignant à son égard d'un esprit noble et désintéressé, que l'on se prépare le mieux au rude métier de chef. On s'habitue graduellement à calquer ses habitudes sur celles du maître : arriver à l'improviste, rester tard, faire plus attention au labeur des autres qu'au sien, surveiller spécialement ceux qui ne savent que travailler, en un mot faire la besogne d'un patron désireux d'être craint et respecté de ses mercenaires. Il n'y a rien de sorcier à cela, semble-t-il, et l'on pourrait croire que le chemin de la fortune, sans être aussi agréablement pavé que celui de l'enfer, est une route large, asphaltée, ombragée, en pente légère, où l'on n'a qu'à se laisser aller pour réussir.

Ce n'est aucunement le cas. Sans être, toute modestie gardée, plus bête qu'un autre, je n'y suis jamais parvenu. Mais je pense avoir découvert, chemin faisant, quelques-unes des causes de notre insuccès commun, et je crois faire œuvre pie en exposant mes idées sur ce sujet.

Farqhar, le célèbre fabricant américain, rendait un jour visite à Andrew Carnegie. Simple et naïf comme un millionnaire, il lança non sans fierté cette phrase au cours de la conversation : « Encore maintenant, je suis toujours le premier à l'usine et le dernier à en sortir. J'y reste de sept heures du matin à sept heures du soir. » Carnegie hocha la tête et dit : « Vous devez sans doute travailler très lentement. Mon pensum quotidien, j'en viens à bout en deux petites heures. »

Cette anecdote est à mes yeux d'une importance majeure. Elle est semblable à cet os dont Cuvier se contentait pour reconstituer un animal préhistorique. Elle bat en brèche la fameuse légende de l'oeil du maître, et montre comment les grands capitaines d'industrie doivent savoir se rendre superflus, déléguer une grande partie de leurs fonctions à des personnes appropriées, et se réserver les seules décisions de stratégie, ou supposées telles. Mais comme toutes les vérités profondes, elle est à double fond. Une fois soulevé le couvercle de l'expérience pratique, on trouve encore cet axiome moral dont la portée universelle n'est pas à démontrer : ou ne s'enrichit pas en travaillant, mais en faisant turbiner les autres. Se donner le moins de mal possible est le moyen d'arriver. La Fontaine nous enseigne : « Travaillez, prenez de la peine !... » Hélas, c'est encore là une fable, et l'auteur lui-même s'est bien gardé de suivre ce mauvais précepte. Nul n'ignore qu'on gagne plus et plus vite en faisant partie du conseil d'administration qu'en exécutant à la sueur de son front les basses besognes de l'entreprise.

Définissons. Travailler est une occupation désagréable, pénible, fatigante et peu lucrative. Personne n'est jamais devenu riche en travaillant, je viens de le dire, mais c'est là une de ces vérités fondamentales sur lesquelles on ne saurait trop insister. Je suis, de nature, plutôt travailleur. Je n'en suis nullement fier, je n'en ai pas honte non plus, c'est le bon Dieu et mes parents qui m'ont fait ainsi. Le travailleur est un honnête homme, il veut fournir de la belle ouvrage et gagner loyalement son argent. Je ne voudrais pas dire du mal de l'honnêteté, c'est une vertu très estimable et recommandée par tous les bons auteurs. Je regrette de me trouver en désaccord avec tant de grands hommes, mais puisque nous sommes entre nous, je vous dirai dans le creux de l'oreille que la probité peut parfois être un obstacle au succès, quand elle porte le brave type à se tuer à l'ouvrage au lieu de loucher à droite et à gauche pour trouver le bon filon. Il travaille ferme, le pauvre, tout en sachant parfaitement, s'il n'est pas un imbécile, que cela ne lui rapportera pas lourd. Je suis ainsi fait qu'ayant tout le jour conduit ma tâche en employé consciencieux, je n'éprouve pas, le soir venu, le besoin de prolonger mon séjour sur les tristes lieux de mon travail, où m'attendent peut-être la considération et l'avancement promis aux braves. Si j'avais été moins honnête, je me serais moins fatigué et ma carrière eût été à coup sûr plus spectaculaire. Encore une fois, je ne dis pas cela pour me vanter. Je sais au contraire que le fait de me prévaloir ici de vertu est fort sujet à caution, les frontières entre l'honnêteté et la bêtise étant par endroits des plus vagues. Ne pas tromper le fisc, par exemple, peut-être selon les cas et les points de vue une preuve remarquable de probité ou la marque d'un esprit borné et obtus.

Le désir de ne pas travailler, personne ne l'ignore, est à la base de tout progrès. La machine, ce deus ex machina de la tragédie moderne, est essentiellement un engin destiné à éviter le travail à l'homme. Au début du siècle, Gina Lombroso écrivait un livre pour signaler les méfaits qui sont la suite inévitable de ce prétendu progrès. Que dirait-elle de nos jours ? En cinquante ans, la machine est devenue toujours plus puissante, plus indispensable, plus envahissante. Et elle a largement contribué à discréditer le travail proprement dit. On ne peut pas en vouloir à la jeunesse si elle est à ce point dégoûtée de toutes les opérations laborieuses, quand elle voit un chanteur de romances relié à un fil gagner en une soirée plus que Mozart dans toute sa vie. Loin de moi, nonobstant, de chercher à débiner les saintes valeurs du travail. Il est fort heureux, à mon avis, que nos ancêtres chassés du paradis aient été contraints de gagner leur pain à la sueur de leur front. Le travail est encore le seul moyen connu à ce jour de lutter efficacement contre l'ennui d'être au monde. Et bien qu'il ne permette en aucun cas de parvenir à la fortune – nous sommes bien d'accord là-dessus –, il n'en demeure pas moins l'une des voies d'accès les plus commodes à ce que l'on pourrait appeler, avec un peu d'imagination, le bonheur.

En découle ce syllogisme impeccable, ou presque :

– le travail est, dans certaines conditions, capable de procurer une espèce de bonheur ;

– le travail est, à n'en point douter, l'un des plus mauvais moyens pour gagner de l'argent ;

– ergo : l'argent ne fait pas le bonheur (c.q.f.d).

Pour irréprochable que soit cette logique, j'ai bien peur qu'elle ne paraisse pas convaincante au grand nombre. Je m'en consolerai.

Je ne sais rien de plus ennuyeux que la grande société. Sa fréquentation s'impose pourtant à qui veut parvenir. Je n'étonnerai pas le lecteur, qui doit commencer à me deviner, en lui apprenant que j'ai toujours échoué de la plus lamentable façon à cet exercice utile entre tous, qui conjugue en une heureuse harmonie les belles manières et les méchantes ambitions. Causer avec des gens pour lesquels on ne se sent aucun penchant est un art qui, pratiqué avec discernement, peut mener loin son homme, même s'il est susceptible de devenir, pour peu que l'affaire s'éternise, une véritable torture morale. On ne saurait donc trop conseiller de s'y entraîner avec soin. Cette épreuve, je le confesse, est la plupart du temps au-dessus de mes forces, et je me surprends presque toujours, les rares fois où il m'arrive de l'affronter, à n'écouter que d'une oreille celui dont le verbe m'est destiné, et à lui répondre, faute de mieux, par de petits grognements approbateurs qui ne donnent pas franchement satisfaction, surtout si l'interlocuteur est assez plein de lui-même et exige par conséquent une attention soutenue et des répliques à l'avenant.

Je me suis longtemps demandé pourquoi le grand monde, ou ce que l'on nomme ainsi pour lui donner un peu de consistance, est un tel supplice aux yeux des gens de mon espèce, tandis que la conversation d'un bon ami ou, mieux encore, d'une bonne amie, offre tant d'agréments. J'en suis venu à m'expliquer les choses ainsi. Certains affirment que l'homme, ce distingué microcosme, se trouve nimbé tout comme la terre par une atmosphère invisible, une sorte d'aura – un peu à la façon de ces saints personnages auréolés qui hantent les pieuses production de la peinture italienne. La personne que vous aimez d'amour ou d'amitié vous entourera d'emblée d'une ambiance sympathique : son aura et la vôtre s'épousent tout naturellement. Mais que la société devienne un peu nombreuse, et lors même qu'elle rassemble des gens susceptibles de vous plaire, il n'y a plus de sympathie qui tienne. Les auréoles dont chacun est affublé en secret s'entremêlent dans le plus pénible désordre, et le malheureux dont les antennes sont trop délicates se trouve vite livré au désarroi.

Peut-être le malheur de n'être pas sociable, de n'avoir nul plaisir à se trouver mêlé au beau monde, de ne pas éprouver le besoin de parler fort et d'abondance devant un public nombreux et nécessairement choisi est-il la marque caractéristique du raté. Il y a, me semble-t-il, deux grandes catégories d'individus, les travailleurs et les parleurs, et ce sont naturellement les parleurs qui réussissent, tandis que les travailleurs, dans le meilleur des cas, parviennent à joindre les deux bouts. Travailler, c'est agir sur les choses, parler, c'est agir sur les hommes. Les paysans, les manœuvres, les forgerons travaillent. Les avocats, les politiciens, les commerçants, les prêtres, les pédagogues parlent, et sont parfois fort bien rétribués pour cela. Bien entendu, cette distinction n'est pas tant affaire de profession que de caractère et de tempérament. Il y a des médecins qui savent mieux parler que guérir, des artistes dont la conversation est sensiblement plus riche que leur œuvre. A l'inverse, il n'est pas impossible, en principe du moins, de trouver des politiciens intègres et durs à la besogne, des avocats plus soucieux de la justice que de leur profit, des prêtres sincères et désireux d'améliorer le sort de leurs ouailles. Mais l'idée dominante subsiste : c'est en parlant, et non en travaillant, que vous gagnerez le cœur des femmes, les applaudissements de la foule et l'argent des gogos, c'est en parlant que vous ferez connaître vos qualités et que vous draperez aimablement vos défauts, c'est en parlant que vous deviendrez riche, célèbre et honoré. Si vous ne savez pas parler, vous aurez beau travailler comme un forcené, faire le bien autour de vous et rendre les plus grands services, personne ne vous en saura gré et vous n'en tirerez ni profit ni honneur. Il faut être logique, que diable ! Vous ne pouvez pas demander aux autres de penser du bien de vous si vous ne leur montrez pas le chemin.

L'homme, selon Aristote, est un animal parlant et sociable. Cette vérité est d'autant plus incontestable qu'elle révèle au regard les deux facettes d'une notion unique : plus l'homme est sociable et plus il parle, car s'il est ainsi conformé, il éprouve un plaisir toujours nouveau en s'entendant parler. Son succès dans la vie et auprès des femmes – encore deux aspects d'une même réalité – est en proportion directe de sa sociabilité et de sa faconde. Les femmes aiment le beau parleur, ou même le parleur tout court, c'est-à-dire tout long. Il y a là une distinction caractéristique entre l'homme et la femme, ces deux êtres faits l'un pour l'autre, réunis par une petite différence anatomique et séparés par des abîmes d'incompréhension psychologique. La femme parle beaucoup et volontiers, elle est plus sociable et plus causante que le mâle. Mais si elle distingue et estime les hommes diserts et d'une conversation bien nourrie, la présence de ces qualités chez les autres femmes ne lui cause aucune satisfaction. Pour plaire aux femmes, les hommes doivent parler, les femmes doivent se taire.

Je ne discute pas de ces choses en simple théoricien. J'ai eu, au cours de mon existence, l'honneur et le plaisir de connaître quelques femmes, pour autant qu'il est possible à un homme de les connaître, et mes observations – même fort limitées, comme on l'a vu – m'ont permis de tirer quelques conclusions.

L'homme trop taciturne et la femme trop bavarde ne réussissent pas. Le mâle, s'il veut remplir sa fonction essentielle qui est de plaire aux dames, pour avoir du succès, des lauriers ou des enfants, doit surmonter son inclination à garder le silence. La femme au contraire, de nature plus loquace, devra corriger sa tendance invincible à trop parler, à avoir en tout le premier et le dernier mot. C'est dur, mais la réussite est à ce prix. Les femmes du reste le sentent d'instinct, pour peu qu'elles aient affaire à quelqu'un, ou à quelqu'une, dont la langue soit un peu trop bien pendue. Ainsi un salon ne peut-il fonctionner que sous la domination d'une seule dame. A deux, l'une serait de trop.

Je corresponds assez mal à la définition d'Aristote. Quoique la solitude ait pour moi des charmes, je sais parler, quand il le faut, mais en petit comité de préférence, et mieux encore en tête à tête. L'homme aristotélicien, tout à l'inverse, prend plaisir à se trouver en société ; et le grand nombre ne l'intimide pas, bien au contraire : plus on est de fous, plus il parle. Il pérore même d'autant mieux qu'il y a plus de gens autour de lui, et quand l'auditoire se transforme en foule, il accède au plein accomplissement de lui-même : le parleur devient haut-parleur ou, comme on dit, orateur. L'orateur est le contraire de l'oraté – nommé aussi, par élision, le raté.

On devient orateur, mais on naît poète, a dit Quintilien. C'est de la blague, ou c'est un bruit que les poètes font courir pour décourager la concurrence. On ne devient jamais rien, on naît ce qu'on est, poète ou paysan, orateur ou raté. Parfois, au gré de circonstances particulièrement sinistres ou favorables, un poète meurt avant d'avoir donné sa mesure, ou un raté réussit, comme Jean-Jacques Rousseau. Ce sont là des exceptions qui confirment la règle. De même y a-t-il de nombreux métiers que chacun s'imagine pouvoir exercer sans les avoir appris ; balayeur, journaliste ou politicien. Cela ne prouve rien, car il faudrait croire qu'on naît journaliste, et le plus brillant gazetier n'oserait pas affirmer cela sans rire.

On a remarqué que la femme était mieux faite que l'homme

pour la vie, qu'elle en supportait plus vaillamment les avatars. Sa longévité supérieure pourrait bien en être la preuve. On a cherché et trouvé de nombreuses explications à cet état de choses. Il y aurait d'abord les rapports entre les sexes, où l'homme donne et la femme reçoit, où il s'épuise tandis qu'elle prend des forces. La femme mariée vivant plus longtemps que la vieille fille semblerait corroborer cette hypothèse. Mais les raisons psychologiques me paraissent d'un plus grand poids. Il y a en première ligne cette idée baroque mais tenace, véritable légende des siècles, que l'homme est un être vigoureux, robuste, destiné au dur labeur, à la lutte pour la vie, tandis que la femme, créature frêle et charmante, attend de lui protection, générosité, sentiments chevaleresques, amour, délices et orgues. Cette idée, sans être tout à fait vieille comme le monde, ni même acceptée dans tous les pays et sous tous les climats, est toujours bien reçue sous nos latitudes, et nul doute qu'elle n'ait contribué à rendre chez nous la vie féminine plus facile et moins corrodante. Certes l'émancipation de la femme et son incorporation dans la vie économique, politique et parfois militaire, ont quelque peu atténué ces différences. Mais il en subsiste encore assez pour donner à la femme une situation privilégiée dans les autobus et dans l'existence. La faiblesse de la femme est sa grande force.

Je voudrais ajouter à cela une raison moins spécieuse qu'il n'y paraît : la femme vit plus longtemps que l'homme parce qu'elle parle plus. Ce n'est pas un paradoxe, laissez-moi expliquer ma proposition. Les médecins de l'ancien temps, pas tout à fait aussi stupides que nous nous les imaginons d'après Molière, se représentaient le malade rempli d'humeurs peccantes, et ils cherchaient à le soulager en le purgeant et en le saignant, dans l'idée un peu primitive que les méchantes humeurs sortiraient en même temps. Nos spécialistes sont évidemment beaucoup plus calés, et nous n'osons guère nous moquer de la Faculté. Malgré tout, je ne suis pas tellement certain de la sagesse de nos contemporains. De même que je me demande parfois si les progrès de la technique sont favorables au bonheur de l'humanité, de même ma prédisposition intime à l'hérésie me conduit à douter des progrès de la médecine moderne. Si l'on veut bien mettre à part telle découverte évidente, et peut-être admirable jusqu'à plus ample informé (ce qui réduit déjà le champ de nos admirations), la mise au jour d'une nouvelle dénomination au chevet d'une ancienne maladie est le plus clair de ce qu'il est convenu d'appeler le progrès médical. On appelait cela le squirrhe, on le dénomme à présent cancer, le tour est joué et la médecine a fait un grand pas en avant. Ainsi de ma vieille arthrose, baptisée désormais maladie de Paget : décrite par le détail voici un siècle, on s'est contenté depuis lors de l'affubler d'un nouveau nom, sans lui avoir trouvé pour cela ni origine ni remède.

Eh bien, moquez-vous de moi si vous voulez, je crois aux humeurs peccantes. Mieux, en matière d'hypocondrie, de dépression psychique, et pour ce qui est même de la plupart des tourments du corps et de l'esprit, je suis convaincu que c'est en parlant qu'on se guérit. La chose n'est pas nouvelle. Socrate pratiquait déjà ce qu'il appelait son métier de sage-femme en faisant marcher sa langue – et celle des autres. Et le bon docteur Freud lui-même, inventeur de la fameuse analyse du subconscient, n'avait rien d'autre en tête que de tirer les vers du nez de ses patients en les faisant parler à perdre haleine, dans l'idée assez plausible que cette logorrhée leur permettrait d'évacuer, avec les mots, leurs maux. On se libère des soucis, des déboires, des insuccès, des ressentiments, des rancœurs, bref, de toutes les peines de l'existence, en les racontant à d'autres pour se faire comprendre, plaindre, consoler, apprécier, approuver – parfois même pour se donner les moyens de s'amender. Parler, c'est se débarrasser des scories qui encombrent l'âme, et qui pèsent sur les humeurs du corps. Parler, c'est vivre – et mourir, nul ne me contredira, c'est se taire.

Or chacun sait que la femme parle plus que l'homme. Certains lui en font reproche. Ils ont tort. Car ce faisant, elle retrouve spontanément cet équilibre qui est trop souvent refusé à l'homme. J'irai même plus loin, la femme ne parle pas seulement plus, elle parle mieux, car c'est en parlant sans trop de retenue qu'on s'habitue à parler bien, de même que Balzac a appris à écrire convenablement en écrivant beaucoup, vite et mal.

Il est clair que la femme jouit sur ce point d'un sérieux avantage sur l'homme, qui a le triste talent de faire donner toute leur mesure à ses chagrins. Que serait-ce s'il lui fallait supporter les douleurs de l'enfantement, dont la femme s'affranchit pour une bonne part en poussant force cris et ahans, n'étant pas retenue par cette fierté mal placée qui engage le mâle, être sensible et douillet s'il en est, à souffrir en serrant les dents.

On se demandera incidemment pourquoi la femme, si fort douée pour le langage, n'a pas assumé depuis longtemps le fardeau de la politique, cette science que chacun sait sans l'avoir apprise. Il est vrai que ces dernières années, elle s'est brillamment employée à combler ce retard, et l'on peut dire que sans avoir encore supplanté l'homme dans cet art prestigieux entre tous, elle a déjà atteint d'appréciables résultats, contribuant pour sa modeste part mais de façon significative à détraquer le concert mondial, tâche réservée jusqu'alors aux mâles les plus éminents. Quelques hommes d'État et non des moindres ont d'ailleurs compris tout le parti qu'on pouvait tirer de la naturelle propension des femmes à donner de la voix et à faire parler leur enthousiasme à grands cris : j'ai toujours pensé qu'Adolf Hitler, d'illustre mémoire, n'aurait pu être à ce point plébiscité, et n'aurait donc pu assumer durablement le pouvoir, si le suffrage en Allemagne était resté un privilège masculin.

Si les femmes, au bon vieux temps, s'intéressaient moins à la politique, c'est sans doute qu'elles étaient plus fines, plus adroites que nos contemporaines abusées par les feux de la rampe. Elles préféraient laisser au mâle vaniteux et outrecuidant l'agréable illusion qu'il gouvernait le monde, et se réserver de le diriger comme un pantin, du fond de l'alcôve, sans qu'il y prenne garde et sans blesser son amour-propre. De nos jours, Madame de Maintenon serait premier ministre et Madame de Pompadour aurait le portefeuille de l'Intérieur – quelle vulgarité ! quelle décadence !

Mais je m'aperçois, puisqu'il est question des femmes, qu'il me reste encore une clé à livrer au lecteur impatient. Veut-il vraiment que la vie lui apporte le meilleur, tout le meilleur, rien que le meilleur ? Eh bien, qu'il fasse taire une bonne fois sa célèbre fatuité, et qu'il laisse à la femme, justement, le glorieux privilège de lui offrir à lui, sur un plateau comme il se doit, les douceurs qu'une âme délicate est en droit d'attendre de l'existence.

Il y a peut-être quarante ans de cela, qui me paraissent des siècles, la Suisse ne possédait pas encore cette précieuse acquisition des temps modernes, le suffrage féminin, mais la question se posait déjà avec acuité, et les féministes des deux sexes se donnaient beaucoup de mouvement en sa faveur. Ce jour-là, au retour d'une excursion en montagne, mon copain Charles eut l'idée de m'emmener visiter avec lui un de ses amis qui habitait au bord d'un lac des environs. Le personnage en question était un homme d'un certain âge, aimant visiblement son confort ; il nous reçut à bras ouvert, et la conversation ne tarda pas à aller grand train. Mis en confiance, le bon Charles, féministe passionné, se lança bientôt dans un long discours où il s'ingéniait, non sans excellents arguments, à peindre des plus tendres couleurs un monde où les femmes auraient enfin leur mot à dire - ce qui était façon de parler. Son ami, dont je n'ai pas retenu le nom, le laissa dégoiser tout son soûl sans l'interrompre une seule fois. Quand Charles eut terminé son oraison, il prit la parole et eut ces mots surprenants :

– Vous avez raison, parfaitement raison, et plus encore que vous ne le pensez ! Mais j'estime que vous n'allez pas assez loin. Donner le vote aux femmes n'est qu'une demi-mesure. Pour bien faire, il faudrait en même temps le retirer aux hommes. Nous ne pouvons espérer un véritable changement qu'en abandonnant aux femmes les charges et les plaisirs de la politique. Je trouve que les hommes ont déjà fait dans ce domaine un assez beau gâchis. Confions donc les rênes à ces dames, et nous verrons ce que nous verrons.

Ces propos me firent grande impression. La preuve en est que je les ai encore gravés dans la mémoire après tant d'années. Et plus je les retourne, plus je m'étonne que l'expérience n'ait pas été tentée. Il y a bien les Amazones, qui ne sont peut-être pas une légende, mais cette histoire, si c'en est une, a trente siècles d'âge, et il serait grand temps de renouveler la tentative. Et puis la question féminine n'est pas qu'une affaire politique, comme le proclamaient Mrs. Pankhurst et ses suffragettes. Cette respectable virago devait d'ailleurs bien penser, à ses heures, que le problème était plus vaste. A un contradicteur insolent qui l'interrompait au milieu d'un discours en lui lançant : « Would'nt you like to be a man ? », elle répondit avec une belle présence d'esprit : « Would'nt *you* ? » Tout est là : savoir ce que nous voulons, et ne pas nous accrocher stupidement à des prérogatives qui n'en sont peut-être pas. La femme réclame à grands cris le droit au travail, l'égalité dans le travail, et l'homme, cet abruti, lui dispute pied à pied le terrain, au lieu de céder la place avec le sourire du gentleman.

Car soyons sincères : avons-nous tant de plaisir que cela à nous tuer à la tâche ? En feuilletant l'histoire, je ne trouve guère que Michel-Ange, Voltaire et Simenon qui aient ressenti de la joie à travailler. Le reste de la troupe pourrait fort bien se passer de tout labeur. Si nous n'abandonnons pas aux dames tous ces travaux qui nous exténuent, c'est pure sottise d'amour-propre. Écoutons donc nos instincts véritables et ne nous laissons pas égarer par les vanités adventices que l'histoire a greffées en nous au fil des siècles. Renonçons sans rechigner à toute espèce de travail, et laissons nos serviables compagnes nous apporter le petit-déjeuner au lit avant de s'en aller courir au bureau ou à l'usine. Chez les peuples sauvages, où la voix de la nature se laisse encore entendre, le droit au travail n'a jamais été contesté aux femmes. On leur laisse faire toutes les besognes, parfois plus qu'elles n'en désirent. Il n'est même pas nécessaire d'aller si loin. Visitez les pays de l'Europe méridionale, et vous verrez les femmes chargées des plus lourds fardeaux, tandis que ces messieurs se promènent, les mains dans les poches, parfois même dans celles des autres.

Il y aurait encore un grand avantage à concéder intégralement aux femmes le droit au travail. C'est parce que beaucoup d'entre elles ne sont pas assez absorbées par les tâches que notre niveau de vie ne cesse de grimper de si vertigineuse façon. La femme désœuvrée tue le temps en dépensant, et l'inflation qui s'ensuit donne des cheveux blancs aux courtiers en Bourse et aux capitaines d'industrie. Offrez à nos moitiés une occupation qui les tienne du matin jusqu'au soir, et la surchauffe de l'économie se calmera comme par enchantement. Prises par leurs nouvelles responsabilités, elles se sentiront bientôt heureuses et fières de pouvoir enfin nous témoigner une supériorité certifiée par leur fiche de paye. Notre vie conjugale ne manquera pas de s'en ressentir agréablement, et nous aurons enfin tout loisir de nous consacrer aux œuvres de la cuisine et à celles de l'amour, mieux dignes qu'aucune autre de tous nos soins. Ajoutons ceci entre nous : il suffit que la femme soit l'égale de l'homme pour qu'elle lui soit supérieure.

Outre les bénéfices domestiques que l'on vient de signaler, cette nouvelle situation ne pourra qu'apporter les plus grands avantages aux nations civilisées. Cet apport de main-d'œuvre inattendu mettra un frein à l'immigration sauvage qui si fort désole certains politiciens et qui trouble la paix de nos sages banlieues. L'inflation jugulée, la vie économique atteindra une stabilité inconnue jusqu'à présent. Le chômage sera résorbé et la criminalité vaincue. Les crises n'auront plus lieu d'être. L'offre et la demande s'épouseront comme la main et le gant, ou, pour employer une comparaison moins élimée, comme le mari et la femme. Ce sera le retour de l'âge d'or, avec en supplément le cinéma, la télévision et tant de belles choses ignorées des bergers d'Arcadie, sans compter toutes les merveilles que l'infatigable technique offrira encore aux générations futures.

FATALITAS

On trouvera peut-être que je m'envole trop loin. J'entends déjà l'aimable lecteur pouffer : « L'insuccès lui monte à la tête ! » Qu'il se rassure. L'échec ne m'a jamais troublé l'esprit, car j'ai toujours eu cette prudence, un peu terre à terre, de n'en imputer la responsabilité qu'à ma pauvre personne, aussi peccante que mes humeurs, et d'en rire dès que je pouvais, ce qui n'est pas toujours un sport facile. Les ratés, surtout s'ils ont un brin d'intelligence – ce sont les pires – , s'imaginent volontiers être la proie d'une malchance extraordinaire. Ils en viennent ainsi à croire qu'une fatalité maligne s'acharne contre eux, réduisant à néant leurs entreprises les mieux conçues, et voient partout le doigt du destin.

Quoique j'aie droit, sans me flatter, à une place honorable dans la confrérie, je me suis toujours gardé d'élever de telles prétentions. Je n'ai jamais pensé que la destinée eût à mon endroit des attentions sinistres particulières. J'ai plutôt cherché à trouver en moi le ressort caché de mes déveines à répétition, et je crois l'avoir trouvé. Je me suis sans doute privé ainsi de quelques satisfactions ombrageuses, car il n'est pas forcément désagréable de se considérer comme la victime désignée de l'adversité.

J'ai eu le malheur de rentrer dans le commerce plus par la force des choses que de ma propre volonté. Que je n'aie pas su m'y tailler une carrière à la mesure de mes rêves n'est pas le fait des puissances obscures mais le mien, tout bêtement. Pour avoir du succès dans les affaires, il faut être possédé par le désir, la passion de gagner de l'argent. Tel est le carburant qui m'a toujours manqué. Je ne suis pas sûr de le regretter avec une parfaite sincérité.

Comme ce pauvre Jean-Jacques, j'ai fait dans ma jeunesse et jusqu'à un âge assez avancé des rêves de jour qui ont, comparés aux rêves nocturnes, le désavantage de trop remplir l'existence, d'émousser l'aiguillon du désir, de rendre la volonté flasque et détendue. Ils sont aussi moins involontaires que les songes accompagnant notre sommeil, et partant plus dangereux. Au cours de mes promenades solitaires, et même sur le chemin du bureau, je me racontais des histoires pseudo-autobiographiques, où je me donnais naturellement le beau rôle. J'étais, selon les cas et mes tendances du moment, un homme éminent par l'intelligence et par le cœur, ou bien un héros réalisant des exploits inédits, sauvant au péril de sa vie de précieuses personnes qui, contrairement à l'usage reçu, lui en gardaient une reconnaissance éternelle. Les femmes, comme bien l'on se doute, n'étaient pas absentes de ces rêveries. Ces charmantes illusions me donnant à peu de frais tout le modeste bonheur auquel j'aspirais, je ne trouvais pas nécessaire de chercher dans la vie des satisfactions supplémentaires. Du reste, entre nous soit dit, j'en suis encore à me demander si l'illusion du bonheur ne vaut pas largement le bonheur lui-même.

Mais puisqu'il est clair que je ne suis pas un modèle à suivre, énonçons un précepte de plus : celui qui veut avoir du succès auprès des hommes comme auprès des femmes doit s'abstenir de rêver aux heures dites ouvrables. Le rêveur, ou sa variété dégénérée, le rêvasseur, ne sont pas armés pour l'action, qui seule occupe la partie éclairée de la scène où nous cherchons à faire valoir nos talents. J'en ai trop fait l'expérience à mes dépens pour ne pas risquer ici une mise en garde : le rêve est un sérieux handicap dans la course au bonheur.

Occupé à caresser mes chimères, j'ai laissé passer mille opportunités que d'autres s'empressaient de saisir à ma place, prompts dans leurs gestes comme dans leur décision. Tout au souci de peser le pour et le contre, de sonder le secret de mon cœur, je mettais à m'engager une lenteur pleine de scrupule, ce qui, je dois l'admettre, me fait aujourd'hui une belle jambe. Comme le voulait l'oracle de Delphes, j'en suis venu à me connaître moi-même ; mais je n'ai pas eu grand plaisir à faire cette connaissance.

Quand le destin, s'il existe, nous place devant une décision à prendre, il ne cherche en général pas à nous faciliter la tâche. Aux yeux de ceux qui ont pris la déplorable habitude de tout peser sur les plus fines balances, les avantages et les inconvénients finissent presque toujours par s'équivaloir assez exactement. Et les vétilleux de mon espèce se retrouvent au bout du compte dans la situation de l'âne entre deux bottes de foin. L'homme énergique et résolu, au contraire, aura l'art de déceler sur-le-champ l'indice révélateur qui pèsera d'un poids décisif sur le plateau qui convient. Nouveau Sherlock Holmes, il lui suffira d'un rien – ce rien qui est la clé de tout – pour ouvrir la bonne porte.

Un de mes amis, réfugié en Suisse pendant la dernière guerre, las de se trouver dans la peau d'un immigré, c'est-à-dire d'un suspect dont les moindres actions étaient surveillées, avait profité d'une occasion pour gagner l'Australie, où il comptait refaire librement sa vie. Las, sitôt débarqué à Sydney, il se sent pris d'une incoercible antipathie pour les antipodes, et sans trop analyser son sentiment, court au premier guichet et prend un billet de retour pour l'Europe. Il fit bien, car la fortune le combla peu après, et je le retrouvai bientôt aussi satisfait de l'existence qu'on peut l'être dans ce monde sublunaire.

L'histoire que je conterai à présent, et qui cette fois me concerne au premier chef, n'a pas eu tout à fait la même issue. Dans la maison de soieries où je travaillais, je m'étais pris de bec avec un fondé de pouvoir, et malgré mon pacifisme célèbre, je n'avais pas résisté à la démangeaison de lui flanquer quelques taloches. Ayant ainsi franchi le Rubicon, j'avais décidé de quitter la place, malgré une réconciliation opérée à la diable et aussi peu sincère d'un côté que de l'autre. Par un heureux hasard, on me proposa presque aussitôt un engagement dans une autre maison de la branche, plus ancienne et mieux assise que celle qui m'employait, et avec un salaire tout à fait flatteur. Je me souviens avoir épaté le monsieur qui examinait ma candidature et voulait éprouver mes capacités, en transcrivant directement en espagnol une lettre qu'il m'avait dictée en allemand et qu'il souhaitait me voir traduire. J'enlevai donc la place, mais n'eus pas même le temps de m'y installer. A l'instant de donner mon congé à mes anciens patrons, qui s'étaient souvent montrés gentils avec moi, je fus entrepris et cuisiné en règle : on me reprocha mon ingratitude, on fit miroiter à mes yeux une aimable augmentation. Tiraillé entre les arguments de la raison pratique et ceux du sentiment, soucieux surtout d'avoir la paix, je résolus en désespoir de cause d'annuler mon nouvel engagement. Mal m'en prit, car moins d'un an plus tard, la maison était acculée à la liquidation, et j'eus cette fois le plus grand mal à me caser ailleurs.

L'analogie entre ces deux anecdotes hétéroclites n'est peut-être pas visible à œil nu, mais elle le deviendra, j'espère, si je parviens à exprimer les morales qui en découlent. Voici la première. L'homme réputé favorisé par le destin trouve toujours un écriteau aux carrefours de l'existence, et si l'inscription n'y est pas toujours des plus lisibles, il s'arrangera pour lui trouver promptement un sens. On dira ensuite qu'il a eu de la chance ; suggérons plutôt qu'il aura su la solliciter, peut-être même la créer de toutes pièces.

La seconde morale est la suivante : un raté de mon genre, quand il doit trancher une question, choisit de préférence la solution lui demandant le moindre effort – celle en tout cas qui a le discutable mérite de laisser les choses en l'état (certains de mes confrères, je ne l'ignore point, pèchent au contraire par manie du changement, et leur bougeotte a des effets à peu près aussi désastreux que mon ataraxie). Autrement dit : méfions-nous de cette paix de l'âme que recommandent les sages ; elle ne sert qu'à meubler le pauvre intérieur de ceux qui ont choisi, pour limiter les risques d'échec, de manquer délibérément leur vie.

La troisième morale, c'est qu'il ne faut pas trop se fier à la morale. Cette fois-là, comme en tant d'autres circonstances de ma vie, je me suis laissé guider par le sentiment. C'était une erreur. La morale fait partie de ces choses excellentes dont il est prudent de ne pas abuser. Elle est parfaite dans les cas, par bonheur peu nombreux, où il nous faut choisir sans barguigner entre le bien et le mal ; mais dès qu'on veut l'utiliser en guise de boussole dans les dédales de l'existence, elle donne de piètres résultats. Quand on a commis une sottise caractérisée, c'est une maigre consolation que de pouvoir se dire : « Au moins, je suis en paix avec ma conscience », si l'on n'est pas en paix avec les instances qui gouvernent la vie.

Ne pas oser tenter ce que nous appelons, faute de mieux, le destin : telle est la grande imprudence des prudents. Mais se risquer à de généreuses actions d'éclat sous prétexte que la chance, bonne fille, sourit aux audacieux, et que le courage et le dévouement sont toujours payés de reconnaissance, c'est courir à des déconvenues sans nom. La reconnaissance est une denrée fort rare, qu'on ne rencontre guère qu'au mont-de-piété. L'ingratitude au contraire, qu'aucuns estiment être un défaut, est la meilleure alliée de celui qui tient à préserver son indépendance ; elle est l'affirmation des esprits attachés à la liberté et prêts à tout pour la défendre. L'homme libre refuse de se laisser enchaîner, même par les bienfaits. Ainsi les Athéniens se dégoûtèrent d'Aristide à force de lui savoir gré de sa justice : ce fardeau leur était devenu insupportable. De même les Français se débarrassèrent-ils de Clemenceau sitôt la guerre finie, car il est toujours avisé de « remercier », comme on dit si bien, les serviteurs auprès desquels on se sent en dette. Et les Anglais quelques années plus tard ne feront pas autrement avec Churchill. Quant aux Américains, il est clair que les Européens ne leur ont pas pardonné de les avoir sauvés à deux reprises en moins d'un demi-siècle de temps. Je pourrais multiplier les exemples à l'infini, c'est là une loi universelle. D'où l'on tirera cette conclusion : savoir rendre service sans que le bénéficiaire en ait vent n'est pas affaire de tact mais de simple prudence. Comme chacun sait, l'ingrat, c'est-à-dire l'homme, ne se contente pas d'oublier au plus vite le bienfait reçu, il conservera sa vie durant une aversion pouvant aller jusqu'à la haine envers l'étourdi qui aura eu la témérité de lui venir en aide dans une passe difficile. On n'aime pas devoir se souvenir de tels moments, c'est tout naturel ; et l'on s'arrange pour faire cher payer ceux qui vous ont mis dans le cas déplaisant de vous sentir en dette. Pour ma part, je n'ai jamais été ni assez riche ni assez haut placé pour jouir abondamment des fruits amers de l'ingratitude. Les services que j'ai pu rendre à droite et à gauche ont en général été si modestes que mes obligés n'avaient, pour ainsi dire, aucun mérite à être ingrats.

Comme je l'ai déjà exposé, j'ai toujours exercé des métiers qui ne me convenaient pas. Je me réconfortais en me livrant, en marge de mon travail officiel, à des activités plus à ma convenance : lecture, peinture, écriture ou marche en montagne. J'ai donc mené, pour gagner ma vie sans avoir le sentiment de la perdre, une existence en partie double, comme la comptabilité où j'ai fini par sombrer dans les dernières années de ma carrière. Si l'on me demandait pourquoi je ne suis jamais parvenu à réunir ces deux membres disjoints de ma vie en trouvant une profession à la fois agréable et rémunératrice, je pourrais bien invoquer à mon tour quelque méchante fatalité, sans trop y croire. Nul doute que le ciel n'aide comme il peut à nos déconfitures ; nul doute non plus que nous n'ayons d'abord à cœur de nous aider nous-mêmes, comme le recommande le proverbe, afin de lui faciliter la tâche.

Dans les environs de la trentaine, j'étais voyageur en robinetterie, avec la Suisse romande et italienne pour champ d'activité. De tous les labeurs contraires à mes aptitudes que j'ai eu l'honneur d'exercer, ce n'était certainement pas le pire. L'art de vendre des robinets n'exige pas des facultés surhumaines. Les fabriques font partie d'une association professionnelle, les prix sont réglementés, les produits concurrents sont à peu près identiques, bref, le vendeur n'a guère d'argument plus saillant à faire valoir qu'un nez susceptible de fixer la sympathie de son interlocuteur. Il est nécessaire et suffisant, comme disent les géomètres, de visiter assidûment la clientèle, et d'offrir un verre aux plombiers qui, par une espèce de déformation professionnelle, ont le gosier très en pente. Avec du temps et de la persévérance, si l'on n'est pas trop antipathique ou tombé de la dernière pluie, l'on acquiert petit à petit les bonnes grâces des clients et, par suite, leurs commandes. Trop timide, je n'étais pas capable de forcer ma voie dans les grandes maisons, dont le patron ne peut être atteint que par la filière de divers subalternes soucieux d'affirmer leur supériorité sur l'humble quémandeur. Je ne suis presque jamais parvenu à surmonter ces obstacles, et j'ai dû me rabattre sur les petits plombiers en salopettes, qu'il était souvent difficile de distinguer de leurs ouvriers, et dont les faveurs pouvaient être acquises avec trois décis de blanc du pays.

Vidant un verre après l'autre, en devisant devant ces paysages qui, depuis Rousseau, conduisent l'âme à s'épancher, on en venait parfois à l'amitié. Elle pouvait s'avérer solide à l'usage, même si l'intérêt commercial avait présidé à ses débuts. Mais l'expérience devait m'apprendre que l'offrande d'un flacon de vin était encore le meilleur feu où elle pouvait s'alimenter. S'il m'arriva d'aller outre, ce fut le plus souvent (pas toujours, on le verra plus loin) pour m'apercevoir que j'aurais dû m'en tenir aux douceurs partagées de la simple libation. Ce fut le cas avec le dénommé Macchi, brave garçon de souche italienne, gentil comme sont les Italiens quand il leur plaît de l'être. Il était devenu avec le temps l'un de mes plus fidèles clients et me parlait volontiers de ses petites affaires ; je l'écoutais sans me forcer et nous nous entendions comme de vieux copains, sans même que j'eusse à le mener chaque fois à l'abreuvoir. Jusqu'au jour où il me confia être l'inventeur d'un nouveau système de chasse d'eau pour W.-C., dont les avantages, évidents à ses yeux, n'avaient malgré cela jamais tenté un fabricant. Il était, comme tous les inventeurs malheureux, aigri par l'incompréhension des hommes. Quoique la technique n'eût jamais été mon fort, apprenant que la maison pour laquelle je travaillais projetait la fabrication de réservoirs de chasse, je pensai faire d'une pierre deux coups en procurant à mes patrons une nouveauté intéressante et en donnant à mon fidèle Macchi l'occasion de révéler ses talents. Je ne sais si l'affaire achoppa sur ce dernier point, ou si le brillant inventeur eut des exigences qui parurent trop élevées, toujours est-il que l'aventure tourna en eau de boudin et que Macchi, depuis lors, s'ingénia à me faire grise mine, et passa ses commandes ailleurs.

Une autre histoire, plus récente, vient apporter une eau saumâtre à mon moulin. Il s'y mêla moins d'intérêt, en ce qui me concerne, et plus de sentiment. Edwige était une jeune et charmante personne, vive et aimable de caractère, assez bien tournée quoiqu'un peu rondelette, et dont les yeux semblaient toujours dire oui. Elle travaillait par intermittence dans une maison où je venais moi-même de temps à autre pour des travaux de comptabilité. Étant en instance de divorce, avec un enfant à sa charge, elle s'était ouverte à moi de ses difficultés de femme seule, et je commençais à prendre à son contact un plaisir qui menaçait de déborder le cadre convenu de la camaraderie de bureau. Je savais que son travail ne lui convenait pas : elle était mal rétribuée, et on ne la considérait pas beaucoup mieux qu'un portefaix. Un jour où le patron de la maison, peu satisfait de son ancien comptable et qui me répétait combien il était heureux de m'avoir pour collaborateur, me parlait de la difficulté d'avoir à sa disposition une employée sérieuse et capable, j'eus l'idée de lui recommander Edwige – non sans le secret espoir que mon geste me rapprocherait d'elle. Erreur funeste : quelques semaines plus tard, j'étais chassé ignominieusement sans que ledit patron se donnât la peine de motiver sa décision, et mon prédécesseur réintégra la place avec les honneurs de la guerre. J'avais voulu rendre service à tout le monde, sauf à moi-même. Quant à la belle Edwige, devenue pour le coup inaccessible à mes assiduités, elle se fit vertu de laisser mes lettres sans réponse, même si le tact et la fierté interdisaient à ma prose de lui rappeler mes bons offices.

Je la revis bien des années après, à l'enterrement de son fils, et ce deuil parut même un temps nous rapprocher. Secourir un être en détresse est en soi une satisfaction : cela vous réchauffe le sang, vous procure l'illusion d'être devenu meilleur. Certes la confiance et l'abandon que la personne secourue est prête à vous témoigner à cette occasion ne sont pas destinés à durer. J'avais prévenu Edwige : elle ne devait pas se tenir pour mon obligée et restait libre de me laisser choir dès qu'elle n'aurait plus besoin de moi. Je n'avais pourtant pas pensé qu'elle en vînt si vite à l'issue prévisible. Cette âme qui n'avait aucune tendance au mysticisme cédait, sous l'emprise de la douleur, aux sirènes de la religion. Elle se mit à fréquenter les pasteurs et autres experts des choses célestes, et me fit comprendre que mes visites devenaient indésirables : les voisins commençaient à jaser, elle avait besoin de rassembler ses idées dans la solitude… Je n'insistai plus.

J'ai fait tout à l'heure l'éloge de l'ingratitude, mais les exemples que je viens de produire n'ont illustré que l'envers de la tapisserie. Pour être complet, il me faut encore montrer l'endroit : les avantages et le profit dont l'ingratitude est la condition liminaire. Je ne peux malheureusement pas tirer cela de mon propre fond, mais le portrait d'un homme que j'ai bien connu fera peut-être l'affaire.

Fabrice est grand, solide et bien bâti. Il n'est pas loin de la cinquantaine mais porte légèrement son âge. Il a l'air sympathique, le regard franc et ouvert, il n'est pas fier ; on lui donnerait le bon Dieu sans confession. Il y a dix ans à peine, il était simple ouvrier serrurier, et devait travailler ferme pour gagner une pitance assez maigre, car il était marié et les premiers enfants commençaient à venir au monde. Mais il était intelligent, averti, ambitieux, et il n'avait pas les yeux dans la poche. Il se rendait bien compte des insuffisances de la petite entreprise qui l'employait, mal équipée, mal organisée, avec des contremaîtres négligents et des ouvriers peu soucieux de se fatiguer. Un des gros clients de la maison, remarquant son esprit éveillé et son sens critique, lui proposa de le financer pour qu'il puisse s'établir à son compte. Fabrice ne se le fit pas dire deux fois, il quitta la fabrique en claquant les portes, emmenant avec lui l'unique artisan capable de la maison, dont il fit quasi son associé. Il s'établit dans une misérable baraque, avec des machines d'occasion, mais pourtant meilleures que celles dont il se servait auparavant. Le client avait promis de l'ouvrage et il tint parole. Les commandes affluaient, Fabrice travaillait comme un forcené, le dimanche et la semaine, son associé en faisait autant, et Madame Fabrice elle-même venait donner un coup de main entre deux tétées.

Les affaires prospéraient, mais Fabrice ne voulait pas s'en tenir là. Il lui déplaisait de rester dépendant de son commanditaire, et il trouva dans son entourage des personnes disposées à lui prêter des fonds. Il acheta des machines plus modernes et chercha de nouveaux clients pour n'être pas obligé d'accepter les commandes de son protecteur, si elles ne lui laissaient pas un bénéfice suffisant. Ce dernier s'aperçut bientôt qu'il avait fait un mauvais calcul, mais il était trop tard ; Fabrice volait déjà de ses propres ailes, et même en lui retirant ses commandes, il ne pouvait plus exercer sur lui de pression. Grâce aux bénéfices réalisés et aux emprunts faits à droite et à gauche, Fabrice put rembourser très vite ses amis de la première heure. Il s'était bientôt débarrassé de son quasi-associé en le maintenant dans une sage subordination. Enfin, il était libre, indépendant. Il devait encore beaucoup d'argent, surtout aux banques, mais de la reconnaissance, il n'en devait plus à personne.

Fabrice a depuis longtemps quitté sa vieille baraque, il a fait construire une grande usine qu'il dirige avec l'aide de quelques employés de confiance, dont il se défera sans peine dès qu'ils se croiront indispensables. On ne le voit plus jamais en salopette, mais il est toujours aimable, souriant et affable. Sa fortune augmente, sa famille croît, il s'est même, paraît-il, payé le luxe de prendre une maîtresse pour en décharger d'autant son épouse légitime. Il mange mieux. Il est l'image vivante de la prospérité gouvernant le monde, appuyée d'une main sur le travail et l'initiative, de l'autre sur la chance sans laquelle tous les efforts sont vains. Si la prospérité avait une troisième main, elle reposerait sur l'ingratitude, cette vertu indispensable au succès, quoique souvent méconnue et vilipendée.

Si la fortune ne gouverne pas nécessairement notre bonheur et notre malheur, il n'est peut-être pas inutile, au long des chemins de l'existence, de se munir des viatiques permettant de suppléer les carences de cette divinité que l'imagerie représente aveuglée par un bandeau. Eussé-je pris cette précaution, je ne me serais pas retrouvé un beau jour dans la peau d'un représentant en trousseaux, de tous les métiers à coup sûr celui qui convenait le moins à mes dispositions intimes. Je dois vous expliquer, si vous ne le savez pas encore, que le commis-voyageur, comme on disait dans le temps, ne saurait exercer convenablement ses talents s'il n'est pas d'abord pourvu, outre certaines qualités psychologiques, d'entregent, de bagout et d'audace. Enfin son âme, ou ce qui lui en tient lieu, se doit d'être protégée par une garniture en cuir d'éléphant ou de rhinocéros. Faute de quoi il est perdu, surtout si la marchandise dont il s'occupe est de celles qu'on achète une fois pour toutes – et au temps dont je parle, le choix d'un trousseau était une affaire qui vous engageait pour la vie. Dans ce dernier cas, il n'a pas le temps de gagner petit à petit la confiance de sa clientèle, il lui faut enlever le morceau de prime abord, faire violence au besoin à la volonté du client, surtout si le client est une cliente. Le bon vendeur est un homme sûr de lui. S'il croit assez fort à son étoile, son assurance devient vite contagieuse ; dès lors, ce n'est plus tant sa volonté qu'il impose, en admettant qu'une telle faculté de l'âme existe, c'est sa personne. Le client, et à plus forte raison la cliente, fasciné comme l'oiseau par le serpent, se trouble, admire, n'ose plus résister et signe le bon de commande.

On a déjà compris que je n'étais pas, dans cette branche moins encore qu'en d'autres, l'homme de la situation. La faconde et le toupet me font également défaut, et le derme moral supposé tapisser l'être intime de tout un chacun est chez moi tout à fait insuffisant. Certes, il m'est arrivé à moi aussi de réussir à placer mes trousseaux, mais ce n'était jamais en vertu de mes qualités de vendeur ; simplement, j'avais l'heur d'arriver le jour où la cliente s'était décidée à l'achat, ou bien le nom de la maison que je représentais se trouvait sonner agréablement à son oreille. Je ne me fais pas d'illusions sur mes talents. Mais le rappel de ces menus succès n'est rien au regard des avanies qui furent, en ce domaine, mon salaire le plus constant. Me revient ainsi en mémoire une humiliation dont le souvenir, pendant près d'un demi-siècle, s'est ingénié à me poursuivre. Je me trouvais ce jour-là à Neuchâtel, ville célèbre dans toute la Romandie pour le caractère hautain de son aristocratie. En cette noble cité, tout le monde s'imagine peu ou prou faire partie du meilleur monde. Sur une recommandation quelconque, j'étais entré dans une maison d'apparence simple mais cossue, et je me trouvai face à face avec la dame du logis. Bien entendu, le vendeur de trousseaux, s'il ne vient pas sur demande expresse, doit s'efforcer de cacher le motif bas et intéressé de sa visite. Il devra laisser son interlocuteur aussi longtemps que possible dans l'ignorance, parler de choses et d'autres et ne démasquer ses batteries qu'après avoir acquis un peu de sympathie de sa victime. Ce n'est pas toujours aisé, et dans le cas présent, ce le fut moins que jamais. La dame m'avait accueilli froidement, mais sans aversion marquée, et m'avait même offert une chaise. Elle ne se montrait nullement désireuse de bavarder et me laissa débiter mon petit boniment sans me tendre la moindre perche. Dans ces conditions, et malgré l'usage des circonlocutions les plus ingénieuses, je me vis bientôt contraint de montrer le bout de l'oreille. A ce moment, mon interlocutrice se leva, me foudroya d'un regard courroucé et m'ouvrit la porte en me disant : « Sortez, monsieur. » Elle n'eut pas besoin de répéter son aimable invite ; je me retrouvai dans la rue l'instant d'après, aussi mal en point au physique qu'au moral.

J'étais d'autant plus mal indiqué comme vendeur de trousseaux que cette fonction exige un savoir-faire qui s'exerce auprès des dames. Quitte à me répéter, je rappellerai que la femme est le baromètre de la réussite dans la vie. Stendhal, estimant que le succès en amour était le but suprême de l'existence, conseillait de supporter vaillamment les pires vexations, si c'était là le prix à payer pour parvenir à cette fin si fort désirée. La fortune qu'il a connue auprès de la postérité nous incite à porter à ses paroles toute notre attention. Mais peut-être cet admirable auteur n'a-t-il pas tenu suffisamment compte des différences de tempérament, de caractère et de sensibilité. L'un supporte allégrement d'être éconduit une vingtaine de fois si ses vœux sont accueillis favorablement à la vingt et unième occasion. Un autre sera plus malheureux de ses nombreux insuccès que de son unique réussite. Ce brave Beyle n'a lui-même pas payé d'exemple. Il aimait l'amour d'une passion plus intellectuelle que physique, et il avait la peau trop fine pour faire auprès du beau sexe le chemin de ses rêves.

Je n'ai jamais prétendu suivre en ces pages un ordre chronologique ou même simplement logique. Mais je m'aperçois que parlant de la fatalité, j'en viens à m'étendre sur le métier de vendeur de trousseaux, pour dérailler ensuite et me tourner une fois de plus vers la femme, cette dispensatrice supposée du bonheur. Je m'en excuse, mais la vie est une chose horriblement compliquée, que je me représente sous l'aspect d'une architecture aberrante, tout en labyrinthes, portes dérobées et chausse-trapes. Le bonheur aurait dû être traité au chapitre de l'amour ; mais il n'est pas étranger non plus au problème de la vente des trousseaux et des robinets.

La condition première de ce fameux bonheur n'est-elle pas, chez celui qui se flatte d'y accéder, la bonne opinion qu'il doit avoir de lui-même ? Certains parviennent à se regarder au fond des yeux sans déplaisir. D'autres, affligés d'un sens critique morbide, ou enclins par nature à voir les choses en noir, échouent à cet exercice d'un intérêt pourtant capital. Dans tous les cas, et même si l'on a l'heureuse tendance à se voir en beau, il est utile de se sentir encouragé dans ce bon sentiment par l'approbation d'autrui. Cela chatouille agréablement, et nous nous laissons volontiers persuader de ce que nous gobons avec un tel plaisir. A l'inverse, il est pénible de se savoir en butte à la critique, même si l'on n'est ni poète ni politicien. Mais il est encore plus démoralisant de se trouver systématiquement ignoré, humilié, laissé pour compte, quels que soient les efforts que nous faisons pour gagner la sympathie et les applaudissements de nos contemporains et de nos contemporaines.

Faire son chemin auprès des dames n'est en général pas considéré comme un labeur surhumain. Il suffit de parler aimablement et d'abondance, de manier l'encensoir avec dextérité et sans parcimonie. Il semblerait presque impossible de ne pas y réussir sans y mettre de la mauvaise volonté. Or l'expérience universelle, et la mienne en particulier, démontre que les déboires sont ici la règle. L'idée généralement reçue qu'il est aisé de contenter une femme contribue à rendre ces défaites honteuses et humiliantes. Et voilà pourquoi je n'étais pas un bon vendeur de trousseaux.

Je me suis souvent demandé pourquoi un individu de mon espèce, ni plus bête ni plus vilain qu'un autre, dévoré au surplus par un immense besoin de tendresse et d'affection, cultivait en présence des femmes un tel art de l'échec. Rendu aigri et injuste par cette constatation, je reprochais aux personnes du sexe d'être des admiratrices du succès, de ne pas savoir déceler l'essence sous l'apparence. Je les voyais se confier de préférence à des matamores présomptueux et outrecuidants, dont la brutalité leur donnait toute satisfaction, avec cette agréable conscience d'avoir été prises de force, de se trouver ravies dans les deux sens du terme. Avec le temps je suis parvenu à une conception moins simpliste et plus équitable. Il est d'abord erroné de parler des femmes en général, car il en existe de plusieurs espèces, et il faut avant tout distinguer les femmes capables d'aimer et celles désirant seulement être aimées. Ce ne sont pas les mêmes, bien qu'on puisse être parfois témoin de ce miracle : une femme aimant qu'on l'aime d'amour et dispensant elle-même l'amour sans compter.

Ensuite et surtout, les femmes n'admirent pas tant la violence que le bonheur. En bonne logique féminine, elles s'imaginent que l'homme heureux est mieux en état de distribuer la félicité, comme les commerçants estiment qu'un client riche saura toujours payer. La conclusion n'est pas forcément entérinée par les faits, mais elle l'est bien souvent. C'est une vérité vieille comme le monde, dans le commerce des sexes comme dans le négoce en général ; rien ne réussit comme le succès. Présentez-vous à une femme ou à un client avec la mine d'un chien battu, vous allez droit à la défaite. Si vous les abordez sans hésitation, sans fausse et sans vraie honte, avec cette assurance tranquille que donne la conscience habituelle du bonheur, vous ne frapperez presque jamais en vain. Mazarin, qui ne se connaissait pas en stratégie mais qui savait les hommes, demandait d'un général, avant de lui confier un commandement : « Est-il *houroux ?* » On ne doit pas reprocher aux femmes de juger les hommes d'après le critère de ce grand ministre.

Tous les hommes soupirent après le bonheur, et les femmes soupirent même quand elles sont heureuses. Où est-il, ce bonheur dont on parle tant et dont personne n'est satisfait ? En ma qualité de raté, je pourrais m'estimer lésé par la répartition injuste de ce produit de première nécessité, auquel j'aspire comme tout le monde et dont je n'ai reçu que des miettes. Mais, soucieux de ne pas me laisser entraîner par les ressentiments de l'homme déçu, je suggérerai que les malheureux ont presque toujours mérité leur triste sort. On n'est heureux parce qu'on a la conscience tranquille , une jolie femme, une bonne renommée ou une ceinture dorée. Non, on est heureux parce qu'on s'est façonné un heureux caractère, ce qui est à la portée de toutes les bourses. Sans chercher à faire un compliment à l'Auteur responsable de cet univers, je dirai que le bonheur est la chose du monde la mieux répartie : chacun en reçoit autant qu'il le mérite, autant qu'il peut en supporter. Donnez de la félicité à un individu dont le caractère est aigri et tourmenté, et ce bonheur tournera dans son âme comme le lait caillé dans la jatte. A l'inverse, le « pauvre Job » qui voit le diable lui arracher ses biens et sa famille reste heureux et confiant : parce qu'il est un homme juste et craignant Dieu, estimeront les croyants ; par suite de son heureux caractère, dirai-je plutôt, en ajoutant bien vite que cela revient à peu près au même.

Chamfort, qui n'était pas un sage, car il eut la faiblesse et l'imprudence de se tuer par crainte de la mort, a eu cette parole fameuse : « Le bonheur n'est pas chose aisée. Il est difficile de le trouver en soi, et il est impossible de le trouver ailleurs. » Schopenhauer a tellement admiré ce mot qu'il l'a placé en épigraphe à ses Aphorismes, alors qu'il s'agit là d'une banalité, certes fort spirituellement tournée. Si vous proclamez : « On ne peut trouver le bonheur qu'en soi-même », tous les philosophes approuveront, bien qu'ils ne soient en général jamais d'accord sur rien. Le mérite de Chamfort fut de donner un tour nouveau à une vérité vieille comme le monde. Je me souviens d'avoir utilisé cette citation lors d'une conversation avec ma chère Marie-Louise. Elle protesta avec la dernière énergie : « Ce n'est pas vrai. Le bonheur est une chose facile. Il suffit d'aimer. »

Repensant à cela après tant d'années, il me semble que la douce Marie-Louise avait raison contre tous les philosophes.

L'amour suffit au bonheur : cet amour que d'aucuns cultivent d'un mouvement spontané, et qui reste pour d'autres une terra incognita. Pour rendre heureux, ce doux sentiment doit être ressenti à la fois comme une joie et comme un sacrifice, ainsi que l'entendait Marie-Louise. Dès que vous le concevez autrement, que vous y cherchez votre plaisir exclusif, ou tel avantage, il cesse d'être une source de bonheur.

Est-il nonobstant toujours facile de céder aux bonnes dispositions de son cœur, d'accepter l'Autre sous tous ses visages, d'accueillir la fatalité et d'aimer, par-delà les êtres, comme faisait Job, le sort qui vous est réservé, quel qu'il soit ? Encore faudrait-il pouvoir déchiffrer à coup sûr et les êtres et notre destin. Le 9 septembre 1934, à Marseille, le roi Alexandre de Yougoslavie et Louis Barthou étaient victimes d'un attentat. Après ce triste événement, une rafle fut organisée contre les étrangers indésirables par un gouvernement soucieux de compenser par la sévérité de la répression un défaut de prévoyance. Mon frère habitait Paris où il jouissait d'une situation agréable et de tout repos. La couleur de ses papiers n'étant pas du goût des autorités, il se trouva parmi les nombreuses victimes du décret d'expulsion. Il eut beau protester, mobiliser ses relations, faire jouer tout le piston disponible, allant jusqu'à solliciter l'audience d'un ministre, rien n'y fit. Il dut partir la mort dans l'âme et s'installer Outre-Manche... où il se créa finalement une position supérieure à celle qu'on l'avait forcé de quitter – échappant au surplus à une persécution qui fut fatale à beaucoup.

Son histoire m'évoque celle de ce vieux Chinois qui vivait dans la montagne de l'élevage des chevaux, en compagnie de son fils. Un jour, son plus beau coursier s'échappa et des amis vinrent lui témoigner leur sympathie pour ce malheur. A quoi le vieillard répondit : « Comment savez-vous que c'est un malheur ? » Quelques jours plus tard, le fugitif rentrait au bercail escorté de toute une troupe de chevaux sauvages. Les amis étant venus le féliciter de cette bonne chance, le bonhomme leur dit : « Comment savez-vous que c'est un bonheur ? »

Tenté par cette abondance soudaine de montures, le fils voulut en dresser une et se rompit la jambe. Comme les amis venaient derechef exprimer leur compassion, le vieux sage leur répliqua : « Comment savez-vous que c'est un malheur ? » L'année suivante, une guerre éclata, et le fils invalide fut exempté du service.

Les Chinois sont peut-être, de tous les moralistes, ceux dont je ferais le plus volontiers mes modèles. Qu'ils aient réussi mieux que nous à s'approcher de la vérité reste douteux, mais nul ne leur contestera d'avoir sondé comme personne le désolant écart qui nous sépare de cette vérité précisément, et, ayant pris la mesure de ce gouffre et de leur insuffisance, d'avoir su en rire de la plus désarmante et instructive façon. L'Occident, dans sa frénésie désordonnée d'action, est mal disposé à écouter la leçon de leurs fables, et c'est dommage. Il est difficile de faire entendre, en nos contrées, à un ministre, à un poète, voire à un chômeur, que le non-agir est la clé du bonheur – ou, à tout le moins, de la non-souffrance. J'ai fait tout à l'heure l'éloge de la belle ouvrage, et je tiens à préciser qu'il n'y a pas, malgré les apparences, de contradiction dans mes propos. Le travail, surtout s'il est poursuivi avec art et patience, permet à l'homme de tenir à distance son ennemi intime : l'ennui, qui sans cesse monte la garde à sa porte. Mais notre désir d'action ne devrait pas aller au-delà de cette mission préventive. Qu'il se donne des raisons – toujours excellentes – d'étendre sa sphère, fût-ce pour rendre service à autrui, et l'équilibre que nous avions œuvré à établir autour de nous se trouve vite rompu. Ainsi l'homme avisé se dispensera d'agir pour rien, et veillera mieux encore à se garder d'agir pour quelque chose, quand il aura constaté que dans l'un et l'autre cas, il aura été le jouet des dieux. Car si l'idée que les hommes se font des choses divines varie d'une religion à l'autre, tous sans exception, qu'ils soient Parisiens ou Patagons, sont d'accord sur un point : il est dans la nature du Ciel (qu'on me pardonne cette majuscule grammaticalement et moralement indue) de ridiculiser nos gestes et nos projets, même les plus utiles et les plus généreux.

Le degré zéro de l'expérience humaine – le mien en l'occurrence – suffit sans peine à avaliser cette façon de voir.

Tout individu qui se respecte ou non s'est vu un jour ou l'autre sollicité, fût-il l'avant-dernier des purotins, par un ami ou par un inconnu en peine d'argent et qui se proposait de le taper. La technique de l'emprunt, nul ne me contredira, relève du domaine des beaux-arts. Pour y réussir, il faut à la fois un sens psychologique aiguisé, un aplomb à toute épreuve et le flair d'un limier exercé à déceler de loin le gibier humain : bref, un talent polyvoque hors pair. Si l'on commet la bévue de l'exercer à modeste échelle, on courra le risque de se voir mal considéré, et il arrive souvent que des débutants trop timides se retrouvent en correctionnelle faute d'avoir réfléchi à cela. Mais dès que le solliciteur a soin de s'élever dans la hiérarchie de son art, il est à l'abri de ces menus inconvénients. D'emprunteur, il devient financier ; et de la finance tout court, il passe bientôt à la haute finance. Savoir emprunter des sommes considérables avec désinvolture, avec autorité, tranchons le mot, avec majesté, est la voie la plus sûre pour parvenir aux grandeurs, et celui qui aura su à bon escient utiliser le portefeuille de ses amis se verra tout naturellement confier un portefeuille de ministre. Il n'est même pas certain que, parvenu au faîte du pouvoir, il fasse mauvais usage des deniers publics, car les économistes nous enseignent qu'un État qui n'emprunte pas ne mérite pas d'être considéré.

Cette entrée en matière m'a entraîné sur le terrain bourbeux et glissant de la politique, que je délaisserai bien vite pour revenir à mon sujet – c'est-à-dire à moi. Ayant toujours été la dupe par excellence, les experts m'ont de bonne heure repéré comme une aimable proie. J'avais quinze ans à peine lorsqu'un collègue, plus âgé que moi d'une dizaine d'années, me fit l'honneur de m'emprunter vingt francs – à cette époque préhistorique, il s'agissait de vingt francs-or, une somme assez considérable, surtout pour moi. Je me serais estimé un malotru si j'avais hésité un seul instant à rendre ce menu service à quelqu'un qui se proclamait mon copain. De son côté, celui-ci se fit un devoir de ne pas me rendre un sou, afin que la leçon soit complète. Complète ou non, cette instruction ne me servit à rien car, peu après, j'étais derechef tapé par un autre collègue. Seule différence à noter : ce dernier n'était pas un simple copain mais prétendait au rang d'ami ; la somme réclamée, et accordée, fut par conséquent plus forte. Pour le reste, le résultat fut le même. Comme chacun sait, prêter de l'argent a cet avantage : on se débarrasse ainsi à moindres frais, je veux dire sans disputes inutiles, de ses amis peu sûrs. Le prêt d'argent reste même, à ma connaissance, l'un des moyens les plus pratiques pour jauger le bien fondé des déclarations d'amitié. Outre cela, on apprend à donner sans attendre de remerciements, et l'on s'habitue de la sorte à cette ingratitude naturelle, normale et nécessaire dont nous parlions tout à l'heure. C'est fort instructif, même si cela peut devenir assez cher à la longue.

L'affaire bien sûr se corse, pour notre plus grande édification, si le solliciteur se trouve être de l'espèce femelle… Je devais avoir cette fois-là dans les vingt-cinq ans, et je considérais toutes les femmes comme autant de déesses inaccessibles, quand l'adorable Claire, qui travaillait dans cette maison de soieries que le lecteur commence à connaître, s'aperçut, malgré ma timidité, de l'intérêt que je lui portais. Nous n'exercions par nos activités dans le même rayon, mais nous nous croisions de temps en temps, et je me bornais à admirer en silence la vivacité et la gaieté de son minois, son petit nez fripon, sa grâce sémillante et effrontée. Fine et adroite comme toutes les femmes, surtout quand elles sont conscientes de leurs attraits, elle avait dû remarquer mon humble dévotion ; elle en profita pour m'emprunter une assez jolie somme – moins jolie pourtant que l'emprunteuse, je dois l'admettre. J'ai oublié le prétexte auquel elle eut recours pour me subtiliser cet argent ; je sais seulement que, tout comme ses prédécesseurs masculins, elle ne songea jamais à me rembourser le moindre liard, et les faibles efforts que je fis pour la rappeler à ses promesses d'un jour eurent pour unique effet de m'aliéner le restant de ses sympathies. J'en fus déçu, car j'avais espéré, dans ma candeur, acquérir un peu d'amitié par mon geste généreux. Sur le moment, je n'eus pas l'idée de me faire rembourser en nature, mais en y pensant maintenant, avec le recul des années et l'expérience acquise, il me semble que là fut mon tort. J'avais sans doute blessé cette charmante Claire en ne voulant pas comprendre qu'elle était disposée à m'accorder quelques faveurs, mais non à me rendre l'argent. On ne peut pas tout avoir.

Loin de moi pourtant d'inciter le sagace lecteur à se refuser aux avances des instances quémandeuses. Prêter de l'argent est toujours une aventure enrichissante – sans vouloir jouer sur les mots plus qu'il n'est nécessaire. Cela forme la jeunesse, tout comme les voyages, et nous éloigne du Landerneau des fausses certitudes. Mieux, les sommes prêtées et jamais revues mettent entre nous et nos sous une salutaire distance. Quand nous admirons la rapidité avec laquelle ils disparaissent, sous la baguette magique d'un tapeur sachant taper ou sous la férule non moins persuasive de l'administration fiscale, on en vient vite à mépriser l'économie politique, et bientôt l'économie tout court. Nous commençons à comprendre que l'argent, s'il ne fait pas notre bonheur, peut faire le bonheur des autres. Il n'est pas trop de toute une vie pour apprendre cette leçon.

Au reste, celui qui rechigne à cracher au bassinet, eût-il pour cela les plus sages raisons, s'expose lui aussi à de sérieux mécomptes. A l'époque de mon mariage tardif, je me trouvais lié à un couple que je connaissais depuis une trentaine d'années, et notre amitié me paraissait au-dessus des atteintes de la médiocrité. J'avais connu Adèle avant son mariage, et Théodore, loin de prendre ombrage de notre vieille relation, m'avait toujours manifesté une affectueuse sympathie. La guerre avait peut-être jeté une ombre sur ce que je persistais à appeler notre amitié. Théodore s'était embourgeoisé, et au plus sombre des années Quarante, alors que d'autres amis suisses s'ingéniaient à me témoigner leur solidarité, je l'avais senti bien près de se rendre à la raison du plus fort. « Cela me fera une belle jambe, aimait-il à dire joliment, si les livres d'histoire écrivent, dans un siècle ou deux : En 1940, les Suisses se sont vaillamment battus. »

La question d'un prêt jeta entre nous un froid définitif. Adèle avait un frère, naguère représentant, puis établi à son compte, un joyeux drille qui avait de gros besoins de finance. Adèle et Théodore lui avaient avancé des fonds pour l'aider à s'installer, et il ne se montrait pas trop pressé de les rembourser. Mes amis eurent alors cette curieuse idée : que je me substitue à eux comme prêteur afin que le débiteur, désormais en dette avec un étranger, se sentît contraint de restituer ce pactole qui ne lui appartenait pas. Pour ingénieuse que fût la combinaison, elle ne me plut pas beaucoup : j'étais à un âge où l'on ne peut plus ignorer que les relations d'argent enveniment les meilleurs sentiments. Je pris d'abord le temps de réfléchir, pesant à mon habitude le pour et le contre – ce qui ne m'a jamais bien réussi –, et quand plus tard, à contrecœur, je me déclarai d'accord avec la proposition de mes amis, ils me répondirent d'un ton pincé qu'ils avaient déjà pris leurs dispositions et n'avaient plus besoin de mes services.

Chose curieuse, nos relations vers cette époque s'étaient resserrées. Je leur avais présenté ma future épouse, et tandis que la plupart de mes amis se contentaient de l'accepter sous bénéfice d'inventaire, eux l'avaient aussitôt adoptée, convaincus sans doute qu'elle saurait me guérir de mes nombreux travers ; tant et si bien que le mariage venu, je choisis Théodore comme témoin de cette union pour le moins hasardée, alors que j'avais maints amis plus sûrs qui eussent mieux tenu ce rôle. Je ne tardai pas à reconnaître mon erreur. A la première discussion que nous eûmes devant eux, ma femme et moi, mes deux vieux amis s'arrangèrent pour lui donner raison de la façon la plus outrageante, et ils firent si bien par la suite que je cessai peu à peu de les fréquenter, tandis que ma femme continuait à les voir en cachette. A l'heure de la rupture et du divorce, ils ne manquèrent pas d'encourager Eugénie à toutes les intransigeances, se proposant d'emblée contre moi comme témoins à charge, et leur nom figure à la place d'honneur dans les actes du procès.

J'avais cette fois-ci écouté la voix de l'expérience en ne tendant pas sans réfléchir la main au solliciteur, et mal m'en avait encore pris. Que le lecteur n'en tire pas trop vite les conclusions qui l'arrangent. Le prêt d'argent est une drôle de loterie, et je n'ai toujours pas trouvé la martingale qui en déjoue le mystérieux fonctionnement. Je constate simplement qu'en agissant au rebours de mes premières habitudes, j'obtenais un résultat tout aussi désastreux. Et j'entends déjà ricaner dans mon dos le sage chinois, qui me chuchote que mon tort ne fut pas en l'occurrence de prêter de bon cœur ou de me faire tirer l'oreille, mais d'avoir agi en nigaud : ce qui en Chine est pléonasme, l'homme d'action et le nigaud étant là-bas, aux dires de Lao Tseu et de quelques autres, des rôles interchangeables. Le malheur est que mon lecteur et moi-même ne fussions pas Chinois, et que les Chinois eux-mêmes soient condamnés aujourd'hui à habiter une Chine qui n'est plus celle de Lao Tseu.

L'on en revient donc toujours à ce triste constat : que l'homme prisonnier de ce bas monde est un prisonnier libre, qui doit d'abord s'en prendre à lui-même si le ciel lui fait des misères. Les victimes des puissances d'en haut, Juifs compris, ne sont pas même autorisées à adresser à l'étage de dessus leurs doléances les mieux justifiées. Si leur figure ne revient pas à leur prochain, ou si elle leur revient au point de se voir proposée à l'emploi de tête de Turc, c'est qu'elles se sont fabriqué par inadvertance une tête de victime, précisément, et l'on ne saurait trop recommander aux candidats à l'existence d'être vigilants sur ce point ; car dès que le mal est fait, il est de l'ordre de l'irréparable, et il ne sert à rien de s'insurger contre cette fatalité qui n'en est pas une. J'en fis un jour l'expérience cuisante… C'était à Lausanne, par un bel après-midi d'été. Je marchais dans un quartier solitaire, sans penser à mal, quand je me vis entouré par une bande de gamins qui commencèrent à me houspiller : ce furent d'abord des huées, puis des propos offensants, puis des cailloux. A la fin, les plus hardis exigèrent des sous pour me laisser tranquille. Je refusai de céder à ce chantage et parvins même à attraper l'un des garnements, à qui je flanquai quelques bonnes taloches en guise de leçon. Mais comme je m'en prenais à ce malheureux, vraisemblablement le plus faible et le plus innocent de la bande, survint un passant qui s'empressa de prendre la défense de l'orphelin maltraité. J'eus beau y aller de mes explications, le redresseur de torts ne voulut rien entendre et nous nous séparâmes fort mécontents, lui de moi, et moi de moi-même ; car les gifles distribuées me revenaient en pleine figure, et le pacifiste que je suis en sent encore la cuisson aujourd'hui.

Mais je m'aperçois que je ne déterre depuis un moment que de vilains souvenirs, ce qui soulage ma mauvaise conscience mais risque d'attrister le lecteur, qui n'a pas acheté ce livre pour s'entendre dire que la vie est une horreur ; encore que le récit de mes tribulations lui fera peut-être regarder par contrecoup sa propre existence comme une affaire bénie des dieux. Je mentirais d'ailleurs si je ne concédais pas que ma médiocre carrière, de par son absence d'accidents remarquables, me prédisposait à goûter mieux qu'un autre les bonheurs tranquilles qui s'offrent jour après jour au simple piéton. Le métier de représentant, surtout s'il s'exerce dans des contrées où le paysage sollicite notre sens de la beauté, ne manque pas d'attraits, même si l'on doit trimbaler avec soi par monts et par vaux une valise bourrée d'échantillons. Mais j'étais alors soulevé par l'ardeur de la jeunesse et ce poids qui me ferait vaciller aujourd'hui ne m'a jamais empêché de goûter les charmes de la nature.

Je me souviens d'une marche de Vernay à Salvan par le chemin gravissant en zigzags la pente abrupte, traversant et retraversant le torrent à chaque lacet. Il existait un petit train qui menait de Martigny à Salvan, mais j'avais raté la correspondance et je m'étais résolu d'un cœur léger à poursuivre ma route *pedibus cum jambis*, jouissant en vrai touriste de la vue sur la vallée du Rhône, qui allait s'enfonçant à mesure que je m'élevais. Le temps était beau, ni trop chaud ni trop frais, et en dépit de mon petit coffre rempli de robinets, j'en venais à oublier le but lucratif de mon expédition et je me figurais voyager pour mon plaisir.

La fréquentation des humains, soyons franc, me réservait aussi ses agréments. Je n'ai pas oublié cet artisan installateur de Minusio qui m'entreprit tout un après-midi dans un café afin de m'exposer sa philosophie personnelle, laquelle ne manquait pas de séductions. On était en pleine crise, et tandis que ses concurrents se plaignaient de ne pas travailler, lui s'en félicitait au contraire, convaincu que le monde et ses habitants ne se trouvaient détraqués que par suite d'un trop grand épanchement de sueur. « *Evviva la crisi !* » répétait-il en levant son verre. J'eus toutes les peines du monde à le quitter.

Mais mon souvenir le plus souriant reste dédié à l'excellent Emile Bommottet, aujourd'hui disparu, plombier lausannois qui toujours me parut surclasser les penseurs de l'ancien temps, car il incarnait la figure d'un Diogène heureux.

Il n'était pas joli joli, Emile Bommottet, avec son teint couperosé, ses cheveux roux en broussaille et ses yeux rougis par l'usage du vin de pays. Mais sitôt qu'on avait pénétré son intimité, on oubliait cet aspect qui ne prévenait pas en sa faveur. J'avais fait sa connaissance en vendant mes robinets, et tout différents que nous fussions, nous nous étions pris l'un pour l'autre de la plus chaude sympathie. Très vite, je vins le voir pour le seul plaisir. Ses manières n'étaient pas aristocratiques, loin de là, mais il avait la parole gaie et facile, et sa main et sa porte étaient toujours ouvertes. Tant que vécut Angèle, son ange gardien, sa demeure sombre et modeste était, comme il le disait avec une pointe d'orgueil, la maison du bon Dieu, où les amis étaient sûrs de trouver ce qu'offrait aussi sa conversation : à boire et à manger. Pour donner une idée de son éloquence, qui m'enchantait, il faudrait faire un tel usage des points de suspension, exigés par la bienséance, que ses propos en deviendraient inintelligibles. Sa parole était grasse et généreuse comme sa table, et je garde des deux un souvenir reconnaissant. Sa mémoire était un répertoire inépuisable de bonnes et de mauvaises plaisanteries, et celles qu'il tirait de sa propre imagination n'étaient pas les moins savoureuses. Les nombreux types originaux qui agrémentaient le vieux Lausanne de sa jeunesse, et dont il était l'un des derniers représentants, vivaient toujours dans son esprit. Sa conversation fourmillait d'anecdotes vraies ou inventées, souvent drolatiques, quoique rarement susceptibles de passer la censure des mœurs.

Il se nommait volontiers un païen, et se plaisait à raconter qu'il s'était fait enregistrer sous cette appellation lors d'un recensement, ce dont les gazettes avaient rendu compte sous ce titre qui ne le rendait pas peu fier : « Il y a encore des païens parmi nous. » Il n'aimait pas les catholiques, qu'ils fussent fribourgeois, valaisans ou savoyards, et ne perdait pas une occasion de les brocarder sans y mettre de gants. Ceux qu'il appelait les « mômiers », version vaudoise des puritains, ne jouissaient pas mieux de son estime, et je n'ai pas oublié l'indignation qu'il fit éclater un dimanche, jour du Seigneur, où on le priait d'aller réparer les cabinets d'un conventicule de ces gens, sous prétexte que le confrère, membre de la secte, ne voulait pas offenser le Très Haut : « Mais moi, Bommottet, je serais assez bon pour nettoyer les crottes des mômiers ! » Bien entendu, il ne parla pas de crottes, mais il utilisa le mot propre, si l'on peut dire, plus énergique et mieux conforme à la basse réalité de la matière traitée. Il n'aimait pas non plus les Suisses allemands, dont le sérieux imperturbable était si contraire à sa nature. Il leur reprochait de lorgner, du haut de leurs confins brumeux, la belle terre romande et son soleil : « Dès que leur train sort du tunnel de Chexbres, disait-il, et qu'ils voient à leurs pieds ce paysage sans pareil, le vignoble de

Lavaux, le bleu lémon s'étendant à perte de vue, avec les Alpes de Savoie à l'horizon, ils ne font ni une ni deux et déchirent leur billet de retour. » Et il ajoutait méchamment : « Si l'un d'eux vient à mourir ici, il en arrive une vingtaine pour l'enterrement, et la moitié oublie de repartir. »

A l'en croire, il avait au temps de sa jeunesse roulé sa bosse un peu partout, mais son imagination ignorait toutes les frontières et j'ai bien peur que ses récits, dont je faisais mon régal, fussent d'un intérêt historique et géographique contestable. Quand je fis sa connaissance, il approchait de la cinquantaine et son existence était devenue exemplairement sédentaire, laquelle se limitait à cette contrée fertile en estaminets qui va de la place du Tunnel à la Riponne. Une descente que je fis un jour en sa compagnie jusqu'à Ouchy fut pour lui presque un voyage. L'ayant quitté un moment, je le retrouvai en train de pérorer avec un brave bourgeois qui l'écoutait abasourdi :

– Vous faites le fier parce que vous avez des sous, mais le jour viendra peut-être « où vous aurez des toiles d'araignées dans le trou du cul et où vous chierez mince comme un vermicelle... »

Je ne suis pas sûr du début de la phrase, mais les mots entre guillemets sont garantis authentiques : du pur Bommottet.

Le portrait serait incomplet si je n'y ajoutais pas celui d'Angèle, sa compagne des bons et des mauvais jours. Elle était ronde, un peu boulotte même, mais gentille et agréable à regarder, avec ses beaux yeux bruns et sa chevelure aile-de-corbeau. Outre l'ampleur de ses formes qui pouvait, selon les goûts, être considérée comme une imperfection ou comme un charme de plus, elle était entravée dans ses allées et venues par un boitement assez prononcé. Ainsi n'avait-elle guère plaisir à trotter en ville et à quelque heure que ce fût, on était presque certain de la trouver dans l'échoppe où le soleil ne pénétrait jamais, tandis que Bommottet vagabondait de buvette en buvette. Bonne comme elle était, elle n'essayait jamais de le retenir, l'encourageant à prendre sans regret ce qu'elle savait être son plaisir : « Va-z-y donc, ça te fera une petite sortie ! »

Lui-même la plaisantait doucement sur sa boiterie, et me confiait avec un clin d'œil que cet inconvénient aidait sa belle à lui rester fidèle. Une chanson parisienne de la Belle Époque me revient à l'esprit, que nous chantions en chœur dans l'arrière-boutique :

Et j'me disais, la voyant si gentille,
C'est bien dommage qu'elle boite comme ça, la pauv'fille,
Mais c'qui m'console et c'qui m'tire d'embarras,
C'est qu'quand elle est couchée, on n's'en aperçoit pas.

Si l'on en juge selon les évidences bourgeoises, Bommottet n'était qu'un vulgaire déboucheur de tuyaux, grand conteur de gaudrioles, et fin soûlard par-dessus le marché. Je ne l'ai jamais vu ivre, quoique toujours entre deux vins. Comme il me le confessa un jour, en s'excusant presque, il buvait plutôt pour la compagnie que pour son propre plaisir ; et quand une de ses bouteilles était devenue un cadavre, ainsi qu'il se plaisait à dire, on pouvait être sûr que le plus clair de son contenu avait rafraîchi le gosier des copains.

Si je me suis un peu attardé sur cette figure, d'une façon qu'on dira hors de propos, c'est que Bommottet était un ami, un vrai de vrai, et que son cœur était bon comme ce pain qu'il aimait si fort à partager. Ces choses-là sont trop rares pour qu'on les oublie, et l'on s'en voudrait de les passer sous silence dans l'instant où l'on est supposé parler de ce qui compte. La nostalgie non moins que le devoir me commandait d'ériger à mon vieil ami ce modeste monument. Les morts, les pauvres morts, si nous en croyons ce voyageur qui avait réussi à visiter le froid royaume de l'au-delà, n'ont pas de plus ardent désir que de n'être point tout à fait oubliés.

FIN DE PARTIE

D'un bonhomme qui vient de vous conter sa vie et qui se pique, outre cela, d'en extraire quelque enseignement, on doit s'attendre qu'en bout de course – *in cauda venenum* – il vous assène quelques vérités bien solennelles, de celles qui vous bouleversent la vie d'un homme en un quart d'heure de lecture. Je décevrai là encore. Si mon âge canonique m'autorise à hausser le ton dans les pages de mon *finale*, cette perspective par avance me fatigue et me déprime. J'ai droit au repos et ne souhaite pas que les dernières mesures de la partition fassent de bruit ; je me garderai donc de les composer dans l'une de ces tonalités dramatiques qui galvanisent les foules.

Et puis j'ai proféré assez d'horreurs sans qu'il soit besoin d'en rajouter. L'homme qui finit son chemin sans avoir plus que cela envie d'aller voir ce qui se passe de l'autre côté n'a pas forcément le cœur à gémir, à gronder, à prophétiser. Pour ce qui me concerne, à l'heure des derniers pas et du dernier bilan, je constate que les grandes questions qui si longtemps m'ont agité semblent perdre de leur virulence et même de leur grandeur. Les petites choses en revanche – vieux souvenirs à demi oubliés, brimborions accrochés au fond des valises de l'existence – se rappellent à moi avec une insistance inattendue. Et parmi elles s'imposent d'abord, bizarrement, comme pour faire un pied de nez à la philosophie et à ses pompes, celles qui relèvent le moins, dirait-on, du domaine de l'esprit. Mais Pascal nous a appris qu'à trop faire l'ange...

Je n'ai jamais fait trop grand cas, on l'a vu, des biens matériels que les mortels dépensent tant d'énergie à amasser avant de descendre l'escalier de la tombe, et qu'ils n'emportent même pas avec eux à l'instant de s'en aller, à moins de finir dans la peau d'un pharaon. J'ai pourtant goûté les simples plaisirs qui réjouissent le corps et qui font rêver les gourmands, et j'en arrive même à les compter, malgré mon estomac délabré, parmi les possessions les moins trompeuses qui se trouvent offertes à nos appétits. On peut regretter que le spirituel Rossini, las de la musique, ait consacré les derniers temps de son âge à la seule goinfrerie. A un ami qui le félicitait d'avoir soupé d'un dindon et qui s'enquérait : « A combien étiez-vous ? » il répondait, superbe : « A deux, le dindon et moi. » Je ne lui jetterai pas la pierre. Tout en admirant les ascètes dont la sobriété dépasse celle du chameau, je crains que leur vertu excessive les éloigne de cette pauvre humanité. Je ne méprise pas le gourmand, je trouve des excuses pour le goinfre, et n'ai jamais rêvé que d'endosser l'habit du simple amateur curieux de ce qui est bon et content de ce qui reste simple.

C'était pendant les méchantes années où je m'occupais de trousseaux. Ce jour-là, marqué d'une croix blanche, comme on verra, j'avais eu la chance d'être reçu comme jamais, dans une maison du Jura neuchâtelois où je venais de noter une commande mirifique : telle que je n'en avais encore jamais pris, et telle que je n'en ai plus enlevé par la suite. C'était à Fleurier, dans le Val de Travers. En sortant de cette demeure hospitalière, j'étais dans un état inusité d'euphorie, et j'eus un instant l'idée de cesser le travail pour le reste de la journée. Je me décidai pourtant à profiter de mon élan et tentai encore plusieurs visites dans les environs, non sans succès pour une fois, tant j'étais gonflé à bloc par ce triomphe inespéré.

A la nuit tombante, rassasié de gloire mais l'estomac vide, je descendais les ruelles d'Auvernier, petite village du vignoble au bord du lac de Neuchâtel. Les vignerons sont, me semble-t-il, une race de cultivateurs distinguée entre toutes. Ils n'utilisent pas de machines, ils travaillent à la main, avec délicatesse, et sont à l'évidence influencés par la spiritualité latente sommeillant dans les grappes. Chez eux, on respire toute l'année l'esprit du vin, qui dort dans leurs caves profondes. Passant devant l'auberge de la Croix Blanche, mes yeux furent attirés par une pancarte : « Spécialité de fondue ». J'avais déjà entendu parler de ce mets romand, mais j'en ignorais totalement la nature, semblable en cela à Brillat-Savarin qui, en dépit de ses multiples compétences culinaires, persiste à en faire une sorte d'omelette au fromage ! Ne vous fiez donc pas à la *Physiologie du goût*, et si vous voulez connaître la fondue dans toute sa splendeur, poussez comme moi la porte de la Croix Blanche, si tant est que cet établissement existe encore, car je n'y ai pas dîné depuis plus de trente ans.

C'était à l'époque un estaminet de village, sombre et enfumé, avec des tables et des sièges en bois blanc. La salle, assez exiguë, était en bonne partie occupée par des habitants du pays qui buvaient paisiblement leur demi de blanc avant de s'en retourner souper à la maison. Je m'assis à une petite table encore libre, et je commandai une fondue, comme si c'était la chose la plus naturelle du monde. Il se fit un silence surpris ; je pus observer des regards obliques, des chuchotements. Un homme au visage rustique, mais non sans noblesse, vint vers moi.

– On ne consomme pas la fondue tout seul, cher Monsieur, m'apprit-il avec indulgence et autorité. Allons, je vais la manger avec vous.

Bien entendu, nous dûmes attendre que le plat fût prêt, et j'eus tout le temps d'expliquer mon faux pas à mon compagnon : j'en étais à ma première fondue, et je n'en connaissais pas encore les rites.

J'ai depuis ce soir-là dégusté mainte fondue, mais aucune n'a pu effacer le souvenir de la première, de même que le premier baiser d'amour possède une vertu que les suivants auront perdue. Que cette sainte alliance du vin et du fromage, qui conjugue le substantiel et l'éthéré selon une loi inconnue du code, ait pu à ce point me séduire, rien là que de normal. Mais ce qui me bouleversa en l'affaire, ce fut cette règle tacite qui oblige les amateurs à jouir de compagnie et à célébrer, ce faisant, les valeurs de la fraternité à partir d'un plaisir réputé égoïste. Je ne crois pas avoir connu le nom de mon bienfaiteur, l'homme qui m'enseigna à manger la fondue. Mais quand je sortis de la Croix Blanche, ce soir-là, j'étais un homme meilleur, l'estomac satisfait, le cœur content, plein de bienveillance envers le genre humain en général et les Neuchâtelois en particulier.

Un autre plaisir gastronomique parmi les plus délicieux dont il me souvienne se rapporte à l'un des plats les plus simples qui se puissent rêver – encore que le souvenir en soit à mes yeux un peu entaché par les circonstances. Pendant notre voyage de noces en Italie, mon vieil ami Riccardo, alors consul de Suisse à Naples, nous avait accueillis comme si nous eussions été un couple de souverains étrangers voyageant incognito. Ma femme paraissait aussi heureuse qu'il était en son pouvoir de l'être, et nous savourions dans l'île d'Ischia les derniers beaux jours de la fin d'automne, insoucieux d'un avenir que la Providence, en sa mansuétude, ne nous laissait pas deviner. A Casamicciola, où nous étions installés, nous vîmes un jour dans la vitrine d'un boulanger ces mots écrits à la craie sur une ardoise : « *Stasera pizza* ». Nous étions curieux de goûter cette spécialité napolitaine dont nous ne connaissions que la réputation, la pizza n'ayant pas encore à cette époque fait la conquête du monde culinaire européen. Le soir, rentrant de la plage, nous trouvions la boutique du faiseur de pain grouillant de monde. L'homme de l'art, le torse nu exposé aux effluves brûlants d'un feu de bois, préparait avec dextérité devant un public attentif les galettes de pâte qu'il recouvrait des ingrédients consacrés, tomates et anchois. Le tout, généreusement saupoudré de fromage et assaisonné d'origan, était vivement enfourné et, quelques instants plus tard, le client recevait sa pizza toute chaude et croustillante et il sortait de l'échoppe, la bouche pleine. Nous fîmes comme tout le monde, nous mordîmes à belles dents dans la galette fumante. Cela vous emportait un peu la langue, vous brûlait le gosier, mais le goût surprenant une fois reconnu, vous n'aviez de cesse d'y revenir.

Souvenir, souvenir... Pourquoi cette saveur exquise me laisse-t-elle aujourd'hui dans la bouche un goût de cendres, alors que la fondue d'Auvernier garde intacte pour moi son auréole ? La seule différence justifiant cette inégalité réside dans le fait que je ne devais jamais revoir mon initiateur aux joies de la fondue, alors que la compagne qui partagea ma première pizza allait me faire enrager pendant des années. Le responsable, si je ne m'abuse, c'est Dante, à qui l'on doit ces vers inoubliables : *Nessun maggior dolore*... Il n'est pire douleur que le souvenir des journées heureuses quand on est dans l'affliction... Avec tout le respect que je dois à l'homme qui est revenu de l'enfer, je crois qu'il se trompe.

On parlait dans le temps d'une heureuse mémoire, expression un peu désuète mais qui mérite de survivre, car elle induit une précieuse distinction. La bonne mémoire happe tout, enregistre tout, conserve tout, le bon comme le mauvais, le numéro d'un billet de banque aussi bien que le parfum subtil d'un bonheur un instant entrevu. La mémoire heureuse, au contraire, passe au crible le plus fin les impressions reçues et les expériences subies, sépare avec soin la balle et le grain, préserve et chérit le souvenir lumineux qui nous aidera à supporter les peines de la vie, et laisse sombrer dans l'*oblivion* les scories et les impuretés indignes d'un meilleur sort.

Je garde ainsi brillante et pure la mémoire de tant de belles courses en montagne. Je n'ai qu'à fermer les yeux pour revoir le glacier flamboyant sous le soleil de juillet, le granit rugueux à qui l'on peut se confier comme à un ami fidèle, et puis plus bas, au pied des moraines, les premières prairies où le torrent dévale avec fracas, où les fleurs printanières persistent encore au cœur de l'été. Parfois, à ma propre surprise, un de ces paysages alpestres que j'ai tant aimés se présente de lui-même à mon esprit. Sans que la pensée ou la volonté intervienne, l'œil de mon âme revoit avec précision le détail de cette nature agreste qui fut, pendant mes vertes années, mon domaine, ma consolation et ma joie ; et puis la vision disparaît, laissant derrière elle un sillage argenté – tandis que je dois faire un effort conscient pour me rappeler les pieds enflés, les orteils meurtris, les égratignures, les ampoules et autres bobos qui étaient les accompagnements obligés de toutes ces randonnées. Voilà ce que j'appelle une heureuse mémoire. Les ennuis et les contrariétés de toute sorte disparaissent sans presque laisser de traces, comme la vase tombe au fond de la mare, tandis que le nénuphar surnage triomphalement dans sa candeur éblouissante.

Devrais-je me sentir plus malheureux du fait que je ne suis plus capable de gravir les pentes qui s'éloignent par trop de l'horizontale, et les réminiscences de mes antiques prouesses doivent-elles nécessairement augmenter mon affliction présente ? Non, non, cher Monsieur Dante, la mémoire d'un bonheur évanoui ne produit pas à tout coup un afflux de tristesse. Même en amour, l'objet que vous aviez le plus en vue, il n'est pas toujours facile de chasser les papillons noirs qui tourbillonnent volontiers autour des âmes en peine, mais on peut assez souvent se remémorer les anciennes joies sans se sentir le cœur plein d'amertume. Vous savez mieux que moi, mon cher poète, que l'on ne reste pas jeune toujours, que les moissons du cœur viennent tôt ou tard à se faner. Savoir cela ne saurait ternir les beaux souvenirs qu'il nous en reste, quand il nous en reste. La seule chose qui sur le tard peut nous tourmenter n'est pas d'avoir vécu l'amour et de l'avoir perdu : on ne se repent pas d'avoir aimé. Non, la torture des vieux cœurs, la seule que je sache, est de se dire : j'aurais pu aimer plus , mais j'ai eu peur. Ce qu'on a coutume d'appeler les blessures d'amour – qui sont le plus souvent des blessures d'amour-propre mal soigné – n'est rien auprès de ce regret, lancinant, de l'homme qui constate qu'il a laissé échapper les occasions de l'amour. Les mille accidents de la passion forgent notre âme, au lieu que cette seule absence la réduit à rien.

Voilà qui nous a conduit un peu loin de la fondue et de la pizza – encore que... La remémoration des saveurs que nos papilles, que notre imagination surtout, se refusent à oublier participe du même désir d'éternité qui nous fait ériger des monuments à la gloire de toutes les Béatrice rencontrées en chemin. Un poète bien né dédaignera de faire brûler dans le même temple l'encens promis aux égéries et le doux fumet des marmites. Je ne suis pas de cette pieuse confrérie, et il me plaira jusqu'au bout de répandre le petit vin blanc des collines sur l'autel du grand Dionysos. Certes je suis loin d'avoir été un maître des belles ivresses ; je puis même dire qu'en ce domaine je suis toujours resté un « apprentif ». Je veille encore à mon âge à garder dans ma cave quelques flacons choisis, mais ne saurais prétendre même au titre galvaudé d'amateur, éclairé ou non. Toujours est-il que je suis sensible aux plaisirs du vin, et à ce parfum de vérité qui, selon l'adage latin, loge derrière les bouchons.

La modération naturellement craintive de mon tempérament ne m'a jamais poussé à la saoulerie, et je me souviens de n'avoir été ivre qu'une seule fois. Au cours d'une promenade sur l'Uetliberg, qui sert d'Alpe aux gens de Zurich lorsque le temps est à la pluie et qu'ils n'ont pas envie d'aller bien loin, j'avais fait la connaissance d'un marcheur qui me convia à m'attabler avec lui dans une cabane sur la crête. Ce brave homme était employé des postes et la cabane en question, comme il me l'apprit, se trouvait réservée aux libations du personnel de cette sympathique administration, dont les préposés en tournée étaient naguère gracieusement rafraîchis par la clientèle. L'aimable postier n'avait pas exagéré les délices de l'endroit. Il y avait du feu, de la compagnie, des cartes à jouer, et un petit vin tyrolien dont nous descendîmes trois ou quatre bouteilles au long de l'après-midi, tandis que la pluie battait les carreaux. J'étais alors tout jeune et je n'avais pas l'habitude de boire. Quand nous prîmes le chemin du retour, le ciel était frais lavé et je me trouvais en proie à un sentiment d'exhilarité nouveau pour moi. Ce qui me frappa le plus, ce fut de constater que je n'étais plus soumis aux lois de la pesanteur. Le sentier était raide, raboteux, mais je ne sentais plus les aspérités du terrain. J'ai toujours eu le pied montagnard, mais cette fois, des ailes m'avaient poussé. Je dévalais la pente en sautant d'une bosse à l'autre, allégé, insouciant, heureux comme un ange. Le lendemain, je n'avais ni mal à la tête ni mal au cœur. La preuve était faite : le vin était bon, ce que j'ignorais jusque-là ; il était l'ami du corps et du cœur de l'homme – un ami dont j'ai pu apprécier, à la longue, les agréments comme la fidélité.

Je sais qu'il n'en va pas toujours ainsi. D'autres ont le vin triste, hargneux ou vindicatif. Je les plains, même s'il m'est arrivé d'abord de me plaindre d'eux. Une mienne gouvernante, femme de ménage blanchie sous le harnois, avait entre autres péchés mignons celui de boire plus qu'il n'était bon pour elle. J'en faisais les frais car le vin la rendait mauvaise et j'étais sa victime désignée. Un beau jour, elle passa des reproches aux injures. Il n'y avait rien à répondre et je dus lui donner son congé. Les jours qui suivirent furent un cauchemar. Ma harpie n'était plus sous l'emprise de l'alcool, mais la méchanceté que le vin avait éveillée en elle ne retombait pas aussi vite que les vapeurs de l'ivresse. Je ne pouvais plus rentrer chez moi sans m'entendre cribler d'invectives, et cela à tue-tête, afin que les voisins pussent en profiter. Le martyre dura une dizaine de jours, jusqu'à son départ définitif. J'eus ainsi tout le temps de méditer sur l'usage que les mortels font des présents de Bacchus, qui sont à coup sûr l'un des meilleurs révélateurs de l'âme humaine. Un directeur du personnel ne devrait pas perdre son temps à faire passer des tests graphologiques aux candidats qu'il prétend recruter ; quelques pintes d'un vin généreux feraient aussi bien l'affaire, à l'heure de départager les bons et les mauvais sujets.

En suggérant cela, il va de soi que je me range d'emblée parmi les élus potentiels. On m'a vu, au fil de ces notules et chronicules, fort occupé à me fustiger afin que le lecteur, qui n'en demandait peut-être pas tant, ne doutât point de ma sincérité. Et voilà qu'arrivé au terme de mon petit Golgotha, je lui avoue tout à trac que le vilain singe avec qui il cheminait depuis deux cents pages possède, ma foi, un assez heureux naturel, et qu'à l'instant de quitter la scène, il n'en veut même pas au Dramaturge qui l'a contraint de tenir son rôle dans cette mauvaise farce. Mais l'acteur est-il le meilleur juge de la qualité de la pièce où on l'invite à se produire ?

Près de reposer la plume, je m'aperçois à ma honte que j'ai délaissé une matière qu'un écrivain de cette fin de siècle ne saurait se dispenser de traiter. On s'étonnerait si, dans un ouvrage destiné entre autres à donner une idée de la vie contemporaine, il n'était jamais question de *merde*. Ce mot, à des époques moins éclairées, était banni du langage civil, mais il fait aujourd'hui partie de la langue littéraire et en constitue même l'un des fondements. Les bons auteurs en font un usage copieux, veillant avec soin à ce que leurs plaisanteries ne manquent jamais de selles, et l'on reconnaît facilement un livre moderne à ce que le mot incriminé y figure en belle montre, sans se dissimuler derrière ces points de suspension qui, naguère encore, lui servaient de feuille de vigne.

Rectifions d'abord une erreur si généralement accréditée qu'on la considère presque comme une vérité. Nous savons depuis longtemps que tous les goûts sont dans la nature et qu'il ne faut pas disputer des couleurs. Mais nous oublions souvent que nos sens nous trompent, que nous ne pouvons pas toujours nous fier à leurs enseignements. Ainsi, nous sommes tous persuadés que les sous-produits de la digestion, la merde, puisqu'il faut l'appeler par son nom, sentent mauvais, qu'ils puent, pour le dire tout crûment. C'est là une opinion absolument et irrémédiablement subjective. Relevons d'abord que le caca humain est seul à souffrir de cette discrimination. Les crottes de lapin, les bouses de vache, le crottin de cheval, tous ces résidus que les animaux domestiques, moins soucieux d'esthétique que l'homme, laissent négligemment tomber derrière eux, n'offensent pas nos nerfs olfactifs. Nous méprisons uniquement les matières fécales humaines. Et pourtant le chien, chez qui le sens de l'odorat est si délié, en aspire les émanations avec délices, tandis qu'on ne le voit jamais se pâmer devant une rose ou un brin de muguet. Pourquoi notre sentiment, dont l'absence d'objectivité est flagrante, devrait-il prévaloir sur celui des véritables connaisseurs en la matière ? Il n'est toutefois pas impossible que le chien, qui voit dans l'homme son dieu, puisse reconnaître dans le caca de son maître une production d'ordre supérieur.

Il est remarquable que parmi les peuples polis et policés, les Français aient été les premiers à faire un si haut usage de la fécalité. Un grand homme dont j'ai oublié le nom a prétendu que la constipation était le fléau des nations éduquées. Je me suis demandé si le citoyen français, qui marche volontiers à la tête de la civilisation, n'était pas de nature plus fortement constipé que les autres, de sorte que l'usage verbal qu'il fait de la crotte serait en quelque sorte la compensation intellectuelle d'une insuffisance physiologique. La cuisine française, si raffinée, qui tend plutôt à exciter les papilles qu'à gratifier des organes moins distingués, serait responsable de ce déplorable syndrome. Ce serait une explication logique et vraisemblable de la sympathie générale des Français pour la chose et pour le mot. Mais les statistiques que j'ai consultées à ce sujet, et dont l'exactitude ne saurait être mise en doute, n'ont pas corroboré mon hypothèse. Force m'est donc d'abandonner cette explication, toute séduisante qu'elle est de prime abord.

Cherchant plus loin, je me suis posé la question si le caractère froidement logique et presque classique de la langue française pouvait être la cause indirecte de cette anomalie. Comparé aux idiomes des peuples qui nous entourent, et plus encore si on le confronte avec l'anglais américanisé qui servira de langue vernaculaire à l'heureuse humanité future, le français paraît fondu au moule. Je ne veux pas dire que le français, tel que l'a codifié et imposé depuis Vaugelas l'usage académique, soit devenu une langue morte Mais son exigence forcenée, son souci maniaque de l'exactitude, ont peut-être prévalu au détriment de la circulation du sang. Cette étonnante stabilité en tout cas, qui s'imposait encore au début du siècle, a subi depuis lors de rudes attaques. La langue française n'avait guère changé depuis Ronsard ; mais le Français, lui, a changé – comme individu et comme peuple. Certes, il aime toujours sa langue, il la respecte, il l'admire, mais elle est devenue pour lui un habit de cérémonie, où il ne se sent pas trop à l'aise. De là ce foisonnement de l'argot qui envahit même les cercles cultivés, tandis que la littérature se met à l'école des apaches – et que la merde prend rang parmi les symboles héraldiques de l'époque.

Sans doute ce culte de la défécation jaculatoire ne date pas d'hier, et si la crotte majuscule n'avait pas voix au chapitre dans les nobles assemblées de jadis, elle se réservait déjà quelques beaux emplois sur les tréteaux de l'histoire. On connaît la chanson des enfants de la treille et de la patrie, où il me plaît de voir poindre, sous l'allusion politique et sa feinte agressivité, l'aurore de l'Entente cordiale :

Buvons un coup, buvons en deux,
A la santé des amoureux,
Et merde pour la reine d'Angleterre...

Cambronne, le bien inspiré, a spontanément puisé dans le même registre. Il existe plusieurs versions de sa célèbre apostrophe, probablement aussi apocryphes les unes que les autres. Henry Houssaye, dans son ouvrage érudit, semble pencher pour le simple mot, qu'il transcrit avec un grand luxe de petits points. Tandis que « La garde meurt et ne se rend pas » se contente de sommeiller dans les manuels d'histoire patriotique, l'autre, le mot de Cambronne, a conquis le monde, formidable revanche sur une défaite qui ne pouvait être qu'un trompe-l'œil. Plus hardi et moins collet-monté, Victor Hugo dans *Les Misérables* écrit le mot en toutes lettres : « Le plus beau mot peut-être qu'un français ait jamais dit. » Il lui consacre tout un chapitre et culmine en affirmant, avec un superbe dédain des réalités physiologiques : « Cambronne trouve le mot de Waterloo comme Rouget de Lisle trouve *La Marseillaise*, par visitation du souffle d'en haut. »

Si nous jetons un regard philosophique sur la merde dans l'histoire et dans la littérature, nous constaterons que le mot a de plus en plus tendance à perdre son sens injurieux, déjà fort mitigé, pour devenir une simple forme de négation, plus énergique et plus claire que le simple « non », qui n'exprime peut-être pas assez fermement ce qu'il veut dire. Il est clair que le « c'est-y oui ou c'est-y merde » dont retentit volontiers la cour de nos casernes ne saurait prêter à quelque confusion que ce soit. Si le général Cambronne s'était contenté de dire non, cette parole un peu floue aurait pu donner lieu à discussions, à commentaires, à de fausses interprétations. On n'aurait pas manqué de mettre en doute la pureté de ses intentions, la vigueur de ses convictions, et son intrépidité aurait paru sujette à caution. Peut-être même, en fin de compte, aurait-il pu passer pour un traître, à l'instar de son confrère Bazaine. La finesse de son tact et son sens délicat de la langue lui ayant fait élire le mot juste, le mot propre, le mot de la situation, aucun malentendu n'était plus possible. Loin d'être soupçonné et mis en accusation, il se voyait du jour au lendemain porté au premier échelon de la gloire nationale, où il venait rejoindre les héros légendaires, Roland, Jeanne d'Arc, La Tour d'auvergne... Ajoutons, pour tranquilliser les cœurs sensibles, qu'il est mort vingt ans après Waterloo et, pour autant que je sache, dans son lit.

On sait que je respecte et chéris la montagne. J'ai toujours souhaité que l'altitude inspirât à ses zélotes des pensées élevées, mais je ne suis pas bégueule, et c'est d'une oreille indulgente que j'écoutai un jour un alpiniste français débiter à la face des monts un couplet scatologique qui donnait à la merde la préférence sur la rose, sous prétexte qu'elle n'a pas d'épines. Il m'est arrivé à moi aussi dans ces mêmes parages altiers – confessons tout ! –, de céder à l'aiguillon d'une muse facile. Il me souvient ainsi qu'un jour de longue marche, parvenus au sommet d'un col, mon ami Rudi, sa femme et moi, nous ressentîmes au même instant un besoin identique, qui n'était pas celui de nous ravitailler, bien au contraire. Nous étions loin au-dessus de toute végétation et un unique rocher s'offrait comme paravent à la pudeur. Toujours galant, je laissai la préséance à la dame, puis à son mari. Quand ce fut mon tour, je partis en chantant : « Nous entrerons dans la carrière / Quand nos aînés n'y seront plus. / Nous y trouverons leur poussière / Et la trace de leurs vertus... » La dame me fit remarquer que ma citation venait mal à propos, car elle et son époux se trouvaient être plus jeunes que moi. Je le reconnus de bonne grâce et nous poursuivîmes notre chemin, le cœur léger et les intestins en paix, tandis que j'adressais secrètement mes excuses à la montagne et aux mânes de Rouget de Lisle pour cette menue profanation.

J'ai connu un écrivain français exilé en Suisse, un homme charmant et distingué, d'une délicatesse frôlant la préciosité, et qui pourtant utilisait le Mot avec une prédilection gourmande. Il me racontait avec fierté l'avoir clamé un jour à voix hurlante au pied du Parthénon, devant une foule cosmopolite qui n'avait peut-être pas saisi toutes les nuances de son propos. Tous les goûts, tous les odorats sont dans la nature, et je laisse chacun libre de dire sa prière sur l'Acropole comme bon lui semble. Loin de moi de vouloir proscrire les engrais naturels de la conversation, mais j'ai souvent constaté que le recours au vocable ultime était, chez les gens, une façon commode d'affirmer une identité qui, sans lui, aurait eu tendance à vaciller. L'auteur en question, Jean-Paul Samson, était un écrivain engagé, presque un anarchiste, et je crois que son affection pour le mot stercoraire était due au désir de se rapprocher du prolétariat, dont il était éloigné tant par son origine bourgeoise que par sa culture. Comme Jaurès, Léon Blum et bien d'autres, il était de bonne famille, et les écarts de langage étaient pour lui un moyen d'aller au peuple, selon la formule des révolutionnaires russes de la période héroïque.

Le Français est de nature indisciplinée, malin et frondeur. Il est plus facile de le contraindre que de le convaincre, et il s'imagine facilement qu'il est libre s'il a le droit de médire du gourvernement et mieux encore de lui dire merde. Il ne lui en faut pas plus, pas moins. Il était déjà ainsi sous l'Ancien Régime, quand les pasquinades et les méchancetés colportées sous le manteau, qui formaient le fond de la politique, suffisaient à étancher sa soif d'indépendance. Il s'est toujours réjoui de voir Guignol rosser le commissaire. Mais Jean-Jacques s'en vint de Genève, prêchant avec éloquence l'amour de la nature et la liberté. Il enfanta les immortels principes, la fête de l'Être suprême, l'incorruptible Robespierre et le reste. Et le Français devenu libre et républicain put croire que c'était arrivé. Or on peut tout changer, sauf la nature humaine. La grande Révolution et bon nombre de petites ont passé sur lui, il a subi des invasions et des catastrophes, il a conquis et perdu un empire colonial, lui-même a changé, dans sa façon de voir, de faire et de dire, mais son caractère est resté ce qu'il était sous Vercingétorix : curieux, léger, avide de changements et de modes. Pour lui comme pour ses ancêtres, la liberté, c'est essentiellement le droit de rire de l'autorité – pour pouvoir la supporter sans moufeter, car il est plus conservateur qu'il n'y paraît. Il a renoncé sans une larme à la suprématie politique et économique, il a abandonné avec le sourire une bonne partie des prérogatives démocratiques que lui garantissaient les précédentes constitutions de la République, sauf celle de payer des impôts. Mais il se cramponne avec une énergie farouche au plus sacré de ses privilèges, celui de dire crotte à n'importe qui, à haute voix, en toutes lettres, en noir et en couleur.

Qu'un mot puisse à lui seul ou presque symboliser le fond expressif d'une langue est bien sûr d'un grand avantage à l'étranger qui débarque dans le pays sans autre bagage que ce sésame providentiel. Peut-être ce vocable magique a-t-il contribué dans l'ombre à faire du français la langue universelle de la diplomatie. En tout cas la politique, même et surtout au plus haut niveau, ne saurait s'en passer. Ce que n'ignorait pas Clemenceau, qui avait la rancune tenace et un sens inné de l'escrime langagière. Parvenu au sommet de la gloire et devenu pour tous les Français le Père-la-Victoire, à un ancien adversaire quémandant une réconciliation, qui venait une fois de plus de se voir éconduit et qui risquait cette timide protestation : « Vous pourriez bien quand même me dire un mot ! » il répondait, intraitable : « Non, pas même ce mot-là. »

Pour qu'on ne me reproche point d'être allé chercher si bas la substance de ma coda, je rappellerai que les grands commis de l'esprit, écrivains ou artistes, ne se sont pas privés de tremper plus souvent qu'à leur tour le pinceau ou la plume dans cette noble fiente, nourricière de rosseries superbes et, pourquoi pas ? de beauté. Aurélien Scholl rencontrant Zola sur le boulevard s'enquérait avec un intérêt bien simulé du succès de *Nana*, la dernière production du maître, dont la verve alors réputée ordurière faisait le bonheur des foules. Fièrement, Zola annonçait : « Nous marchons sur notre cinquantième mille. – Cela vous portera bonheur. » concluait le pince-sans rire. Et le bon Renoir, au soir de sa vie, transporté parmi les bosquets du jardin dans un fauteuil roulant, n'ayant pas assez de mots pour saluer la splendeur du monde, ne trouvait rien d'autre à dire que : « Merde, c'est beau ! » Comme si avant de prendre congé il lui importait de rappeler, à l'instar des sages de l'Orient qui ont fait de la fleur du lotus le symbole de la pureté et de l'immortalité, que nos rêves les mieux parfumés prennent toujours racine dans la fange.

Il y aurait encore bien des choses à ajouter sur ce sujet d'une éternelle jeunesse (raison, peut-être, de mon intérêt tardif à son endroit), mais je préfère mettre à profit la sagesse du fabuliste dont les vers s'appliquent exactement à nos méditations présentes :

Bornons ici notre carrière,
Les longs ouvrages me font peur.
Loin d'épuiser une matière,
On n'en doit prendre que la fleur.

Ayant pris à témoin le malicieux La Fontaine en ce lieu avancé de ma route, je m'aperçois qu'il ne me déplairait pas de loger, même petitement, à la même enseigne que lui. Le sourire m'a toujours paru préférable à la grise mine, et Molière, que mon cher Jean-Jacques commenta et critiqua avec sympathie, nous a administré la preuve définitive que l'hilarité pourrait aller de compagnie avec la profondeur. L'idée de corriger les défauts en les rendant ridicules ne pouvait naître que dans une cervelle française, la comédie chez les anciens n'ayant jamais eu cette ambition avérée. Le Français, dont la vanité était déjà relevée par Dante, est sensible entre tous aux blessures de l'amour-propre, et se trouvait tout désigné pour être la première cible d'un projet si hardi. Les autres nations, jalouses comme il se doit, s'empressèrent bientôt de tâter des délices du même fouet. Sheridan au siècle suivant fait dire à un auteur malheureux : « J'ai écrit une comédie où je rends les cambrioleurs si ridicules qu'il suffirait de la représenter à Londres l'espace d'une saison pour que les maisons n'aient plus besoin de serrures. » Le plus drôle est que le spirituel Tom Taylor, éditeur du *Punch* et auteur de quelques pièces à succès, parvint cent ans plus tard à démontrer que cette prétention n'était pas toujours une chimère : un employé de banque qui venait de prendre la fuite avec la caisse et qui aimait fréquenter les théâtres, impressionné par la morale de sa comédie *The Ticket of Leave* (*Le Billet de libération*), il se dénonça à la police et restitua l'argent dérobé. On aura beau me remontrer qu'il s'agit là d'une victoire exceptionnelle, il est clair que Molière, sans espérer atteindre de si brillants succès, visait un but qui n'était peut-être pas inaccessible. On ne sait presque rien de sa vie, sinon qu'il fut un mari malheureux, chose peu caractéristique. Mais l'on sent bien quelle fut son intention : prendre l'homme comme il est, sans avoir l'espérance de le rendre foncièrement meilleur, et lui tendre quelques perches susceptibles de l'aider à redresser un brin ses travers les plus incommodants ; bref, s'efforcer de rendre les avares un peu moins pingres, les femmes mieux obéissantes, les amants moins volages et les maris moins cocus.

D'aucuns trouveront cependant qu'il suffit d'énoncer ce modeste programme pour en faire sentir toute l'extravagance. Ils pourraient même ajouter que s'il est arrivé aux auteurs comiques de caresser le projet insensé d'améliorer l'espèce humaine, ils auraient pris pour ce faire une voie bien mal appropriée : on ne recourt pas à Belzébuth pour exorciser le diable. Le rire n'est pas toujours malveillant, mais il est malin. Il se situe à la frontière indécise qui sépare l'intelligence de la méchanceté. Pour le dire en deux mots, le rire est souvent la revanche de l'esprit sur le cœur. L'homme qui rit ne veut pas faire mal, il se contente d'affirmer sa supériorité. Le fin rictus dont s'accompagne son hilarité est un signe de connivence adressé au spectateur : « Les malins, c'est nous ! » Pour combattre les défauts et les vices, la comédie se servirait ainsi du plus abominable des travers intellectuels : le désir d'avoir raison, autrement dit, de se placer au-dessus du commun des mortels. Plus encore que l'égoïsme ordinaire, trop nécessaire et inhérent à la nature pour n'être pas supportable, sauf dans ses excès, le désir effréné d'avoir raison est le chancre qui ronge et envenime toutes les relations humaines. Nous voulons tous avoir raison, nos idées nous semblent les meilleures, nos sentiments les mieux justifiés. Les plus sages d'entre nous ont toutes les peines du monde à calmer cette démangeaison.

Il est mille façons de se sentir malheureux, mais on aurait tort de croire qu'il n'y a qu'une seule manière d'être heureux. Le bonheur de revoir les premières primevères ne ressemble pas à celui que nous procure l'épanouissement des lis, ni à la félicité relevée de nostalgie qu'exhalent les dernières roses d'automne. Le bonheur du matin est parfois contredit par celui du soir. De même le philosophe se fourvoie peut-être en voulant chercher au rire une explication et un ressort uniques. Le ricanement rigolard du malotru qui s'esclaffe en voyant trébucher l'infortuné passant et le rire discret du connaisseur heureux d'entendre une vérité subtile énoncée en termes plaisants ont-ils un dénominateur commun ? On remarquera que le rire « philosophique » – celui de Molière et de Swift – est souvent un trait des esprits mélancoliques. Pour faire rire les gens avec fruit, il faut avoir souffert, et la verve des humoristes n'est jamais loin des larmes.

C'est un peu ma propre cause que je défends ici, et l'on en pourra déduire que le toupet m'est tout de même venu avec l'âge. Si j'ai tenté, selon le précepte d'Horace, de servir la vérité en riant, j'avoue qu'il me serait pénible d'encourir le reproche d'utiliser des moyens indignes en faveur de mes conceptions, fussent-elles justes et honnêtes. La vérité, pourrait-on dire, est une chose trop haute et trop sainte pour qu'il soit licite d'en confier la recherche à des amuseurs. Encourager la vertu en remplaçant un vice par un autre, c'est chasser la maladie en inoculant un poison à retardement – ce qui est après tout le grand secret de la médecine et de ses progrès tant vantés. Mais les hommes sont ainsi constitués qu'ils préféreront toujours un agréable mensonge à une évidence hérissée de piquants. La comédie, qui s'accommode au fond de tous les genres et que les meilleurs auteurs ont rêvée tout à tour « divine » et « humaine », louvoie souvent mieux que la philosophie entre les pièges tendus à notre goût immodéré de l'erreur. Raillons donc pour ne pas dérailler. Rions, mais sans afficher cette prétention absurde de transformer l'âme des hommes. Si quelque bien en résulte quand même, nous serons les premiers à nous en étonner, et à nous en réjouir.

TABLE

Note de l'éditeur 11

Mode d'emploi 15
Commencements 21
Remous 65
Amours 115
Fortune 145
Fatalitas 167
Fin de partie 195

Table 215

DOMAINE FRANÇAIS

AUX ÉDITIONS

PHÉBUS

(extrait du catalogue)

EDMOND AGABRA
L'Enfant de papier, roman

JEAN AICARD
Maurin des Maures, roman
Préface de Jean-Claude Izzo
L'Illustre Maurin, roman

MICHEL ALVÈS
Le Livre d'heures, récits

GEORGES ARNAUD
Les Oreilles sur le dos, roman

MAX AUB
Crimes exemplaires

DOMINIQUE AUTIÉ
Le Bec dans l'eau, roman

BAPTISTE-MARREY
Le Roman crétois, roman

MARCEL BÉALU
Journal d'un mort, récits
Présentation de Georges-Arthur Goldschmidt

Contes du demi-sommeil, récits
Commentaire d'Antonin Artaud

L'Aventure impersonnelle, roman

Mémoires de l'ombre, récits

L'Expérience de la nuit, roman

La Vie en rêve, essai

L'Araignée d'eau, récits
Préface d'André Pieyre de Mandiargues

ROLAND BRIVAL

Le Dernier des Aloukous, roman

PATRICK CARRÉ

Le Palais des nuages, roman

Yavana, roman

CHRISTIAN CHARRIÈRE

Les Vergers du ciel, roman

Mayapura, roman

La Forêt d'Iscambe, roman

ROBERT CHRISTOPHE

Marie-Tête d'Ange, roman

ALAIN DELBE

Les Iles jumelles, roman

JEAN-CLAUDE DEREY

Les requins ne mangent jamais les Nègres, roman

ANDRÉ DHÔTEL

La Route inconnue, roman

Lorsque tu reviendras, roman

La Vie passagère, roman

PIERRE D'OVIDIO

La Vie épatante, roman

CATHERINE ENJOLET

Princesse d'ailleurs, roman

MARC ERGÈS

Les Chapiteaux perdus, roman

SERGE FILIPPINI

La Vie en double, roman

L'Aquarium, roman

L'Homme incendié, roman

Comœdia, roman

Haut Mal, roman

LÉON FRAPIÉ

La Maternelle, roman

FRANCIS GARNUNG

La Pomme rouge, roman

Les Miroirs et les Chaînes, roman

JACQUES GOURGUECHON

Pour un baiser d'Ava, roman

JAMES GRESSIER

La Dernière Fugue, roman

TILISE LEPRINCE

Aurelio, Aurelia, roman

FRÉDÉRIC KLEIN

Tunnel, roman

GISÈLE LE ROUZIC

L'Octroi, roman

PIERRE LESTRADE

La Montagne des Singes, roman

Adagio, roman

MARCEL LÉVY

La Vie et moi, récit

LO DUCA

Journal secret de Napoléon Bonaparte
Préface de Jean Cocteau

ALAIN LORNE

La Route brûlée, roman
Préface de Gilles Perrault

ROBERT MARGERIT

L'Ile des Perroquets, roman

Le Château des Bois-Noirs, roman

La Terre aux Loups, roman
Préface de Georges-Emmanuel Clancier

Le Dieu nu, roman

La Révolution (4 vol.), roman

Les Amants, roman
Préface de Georges-Emmanuel Clancier

JEAN MALAQUAIS

Les Javanais, roman

Journal de guerre, suivi de *Journal du métèque*

MICHEL MARTY

La Beauté du diable, roman

L'Ile Rouge, roman

CÉDRIC MORGAN

Cet hiver-là, roman

Les Ailes du Tigre, roman

L'Enfant perdu, roman

PAUL NOTHOMB

N'y être pour rien, roman

Non Lieu, essai

PATRICK REUMAUX

Inamorata, roman

Le Gouverneur sans âme, roman

Chasses fragiles, récits

Le Venin des Borgia, chronique

JEAN-LOUIS SARTHOU

Méfiez-vous des îles, roman

CLAUDE SEIGNOLLE

Marie la Louve, nouvelles
Préface de Lawrence Durrell

La Malvenue, récit

La brume ne se lèvera plus, roman

La Nuit des Halles, nouvelles

Le Diable en sabots, nouvelles

Le Rond des sorciers, nouvelles

La Morsure de Satan, nouvelles

JEAN SOUBLIN

Niobé, roman

MATHIEU TERENCE

Fiasco, roman

MARC TRILLARD

Eldorado 51, roman

Tête de cheval, roman

Coup de lame, roman

JAN VAN DORP

Flamand des vagues, roman

Le Voilier aux marionnettes, roman
Préface de Michel Le Bris

IRMA VAN LAWICK

Le Chéroub, roman

DANIEL VAXELAIRE

Grand-Port, roman

Cap Malheureux, roman

Les Mutins de la liberté, roman

L'Affranchi, roman

JACQUES VERMOT

L'Ame du mousse, roman

GEORGES WALTER

Les Enfants d'Attila, roman

Wingapoh !, roman

Les Pleurs de Babel, roman